THEES CARSTENS

HERMANNS HAUSKREIS UND DIE BEICHTE IM FAHRSTUHL

dran COMIC

ONCKEN VERLAG WUPPERTAL UND KASSEL

Oncken Taschenbuch

Umschlag- und Innenzeichnungen:
Thees Carstens, Witten
Umschlaggestaltung: Junge u. Kleschnitzki, Witten
Druck: Breklumer Druckerei Manfred Siegel KG
ISBN 3-7893-8038-5
Bestell-Nr. 628 038

Ach, so war das?!

Wie würden Sie beschreiben, welches Geräusch ein spannendes Tennismatch erzeugt? Ohne den Kommentar des Sportreporters wohlgemerkt. Ohne Aufschrei und Applaus des Publikums. Nur O-Ton Tennis!? Thees Carstens kann diese Tonspur der Fernsehübertragung sogar schriftlich ausdrücken:

»Arrgh. Plop. Uuah. Plop. Arrgh. Plop. Uuah. Plop.«

Was er sonst noch alles hörbar, sichtbar und nachvollziehbar machen kann, wie viel wunderbares »So isses!«-Gelächter er in seinen Leserinnen und Lesern erzeugt, das sehen Sie auf den folgenden Seiten. Thees Carstens ist seit bald zehn Jahren der Hauszeichner der Zeitschrift »dran«, genießt das Privileg von neun farbigen Rückseiten pro Jahr, die von fast allen Abonnenten jeweils als Erstes gelesen werden, und legt mit der »Beichte im Fahrstuhl« bereits sein drittes Buch vor.

Buch? Ach was. Sie halten Papier in Händen, das sich in Ihrem Kopf zu einem Zeichentrickfilm entfalten wird. Zu einem Film, der in Rückblenden und Episoden endlich erklärt, wie alles kam, was so ist.

Seit 1999 entwickeln sich nämlich die fünf Mitglieder von »Hermanns Hauskreis« zeichnerisch und dramaturgisch, aber auch charakterlich zu Kultfiguren. »Sie erleben geistliches Wachstum«, könnte man sagen, sie werden – für Kenner nicht überraschend – in ihrer himmelschreienden Hilflosigkeit immer liebenswerter. Im richtigen Leben ist es doch so: Haus-Frauen und Haus-

Männer treffen sich in Haus-Kreisen. Um zu beten, in der Bibel zu lesen und über ihr Leben nachzudenken. Und um über andere zu reden. Haben diese Hauskreisler außer der Bibel und der Liedermappe auch ein Buch von Thees Carstens dabei, erkennen sie sich wie in einem Spiegel wieder. In einem Zerrspiegel, nun gut, aber das ist ja der Witz an der Sache. Thees lässt seine Identifikationsfiguren diesmal an einem beinah verunglückten Silvesterabend Rückschau halten. Warum Martin (»der Ermutiger«) nicht nur mit seinesgleichen in einer Gemeinde sein will. Warum Chrissi (»die Schweigende«) als allein erziehende Mutter in einem bekannten schwedischen Möbelhaus alles Mögliche kauft, nur nicht das, was sie wollte. Warum Stefan (»so geistlich, so perfekt«) mal mit Damaris verlobt war, aber eben verlobt »war«. Und warum Hermann (»Sag was, Herr, dein Knecht ... äh ... redet.«) trotz günstigster äußerer Umstände auch diesmal das entscheidende Wort zu Damaris nicht ... oder doch?

Ich presse jetzt mein Ohr an die Tür zum Fahrstuhlschacht und versuche mitzukriegen, was sich die beiden so beichten. Denn ein Cartoonist, der Tennisbälle hörbar machen kann, kann mir auch sonst viel erzählen, wetten?

Andreas Malessa
Hörfunkjournalist und Fernsehmoderator
bei SWR und DLR, Autor der Kolumne
»Eine Welt« in der Zeitschrift **dran**.

DA OBEN?
JA, DIE AN-
DEREN SIND
SCHON DA

NOCH VIER STUNDEN, ZWÖLF MINUTEN UND... ZEHN SEKUNDEN BIS MITTERNACHT! WANN KOMMEN EIGENTLICH DAMARIS UND HERMANN?
KEINE AHNUNG... HAUPT-SACHE, SIE HABEN DIE GRILLWÜRSTCHEN DABEI.
VON HIER OBEN WIRD MAN DAS FEUERWERK GUT SEHEN KÖNNEN!

NEIN... LASS UNS DEN FAHRSTUHL NEHMEN.
WOZU TREPPEN STEIGEN, WENN MAN EINEN FAHRSTUHL...

KRONK!
WIR STECKEN FEST.
!
!
!
!
AAAAAAH!
ICH WILL HIER RAUS!
ICH WILL HIER RAUS!
8

KEINE PANIK!
ALARM
?
ALARM
?
ER FUNKTIONIERT NICHT!
ER FUNKTIONIERT NICHT!!
AAAAAAAAH!
BANG!
BANG!
BANG!

WITZE!
LOS, HERMANN! WIR ERZÄHLEN UNS WITZE, WÄHREND WIR AUF HILFE WARTEN, OK?
ÄH... ICH KENN' BLOSS KEINE...
!
ICH KENNE EINEN: ALARICH, DER GOTENKÖNIG, HAT DAS RÖMISCHE REICH ZERSTÖRT UND MACHT JETZT MIT SEINER FRAU URLAUB IN DER TOSKANA. SIE GENIESSEN DEN SONNENUNTERGANG, ALLES IST ROMANTISCH...
UND ALARICH SAGT: „ACH, DU MEINE LIEBSTE!" NÖRGELT SEINE FRAU: „ACH MEIN ALARICH, SAG MIR DOCH MAL ETWAS, WAS NOCH KEIN MANN ZU MIR GESAGT HAT." DARAUF FLÜSTERT ALARICH IHR ZU...

…„LASERDRUCKER!"
…„LASERDRUCKER"? ABER DIE GAB'S DAMALS DOCH NOCH GAR NICHT!
(SEUFZ!)
IM FAHRSTUHL STECKENBLEI-BEN… UND DAS AUSGERECH-NET AM SILVESTERABEND…
DU HERMANN! WEISST DU NOCH UN-SER ERSTES SILVESTER MIT DEM HAUS-KREIS? WIR WAREN IN DEN ALPEN, IN DER HÜTTE VON STEFANS ELTERN…
OH, JA… DAS WAR DRAMATISCH…

VIELLEICHT SOLLTE ICH MIR FÜR DAS NEUE JAHR ETWAS VORNEHMEN. GUTE VORSÄTZE KÖNNEN JA EIGENTLICH NICHTS SCHADEN... AUSSER, DASS SIE EINEM REGELMÄSSIG EIN SUPERSCHLECHTES GEWISSEN MACHEN, WENN MAN SIE NICHT EINHÄLT...
ICH MÜSSTE MIR IM GRUNDE VORNEHMEN, MICH ENDLICH REGELMÄSSIG MORGENS IN DER STILLEN ZEIT VON MEINEM HERRN BESCHENKEN ZU LASSEN. ODER ENDLICH MUTIG ZEUGNIS ABZULEGEN VON SEINER GROSSEN GNADE UND GÜTE... ODER NICHT MEHR IN DER SPRACHE KANAANS ZU REDEN...
12

WARUM BIN ICH BLOSS SO EIN VERSAGER GEWORDEN, WAS DAS GEISTLICHE ANGEHT...?
ICH GLAUB, ICH HAB GRAD 'NE ECHTE DEPRI-PHASE... KOMMT BESTIMMT VON MEINEM THEOLOGIESTUDIUM! WAR WAHRSCHEINLICH AUCH SO EINE FEHLENTSCHEIDUNG!
NOCH MAL GANZ VON VORN ANFANGEN... NOCH MAL GEBOREN WERDEN... DAS WÄR'S...!
EIN SCHWEIN?
EIN AFFE?
NEIN, ICH WEISS! EIN NASENAFFE!
13

ELCH!
KANARIENVOGEL?
PRESSLUFTHAMMER!
BRUTTOSOZIALPRODUKT!
KOKOSZWIEBACK!
ICH HASSE PANTOMIME-RATESPIELCHEN!!!
AAAUU!
MOMENT! DAS GILT NICHT! PANTOMIME IST IMMER OHNE REDEN!
WAS IST LOS?
OH GOTT! CHRISSI HA IHRE WEHEN BEKOMMEN!
LEUTE, IST DENN KEINER VON UNS EINE KRANKENSCHWESTER? WIR SIND DOCH CHRISTEN! EINER VON FÜNF CHRISTEN IST IMMER KRANKENSCHWESTER!
SCHNELL! BRINGT HEISSES WASSER UND FRISCHE LEINENTÜCHER!!
ÄH... DARF ICH MICH AUCH EINBRINGEN? ICH WEISS, WIE DIE STABILE SEITENLAGE GEHT!
KRANKENHAUS...
ECHT TOLL, CHRISSI, WIE DU SO IN DER STUNDE DER NOT DIE ÜBERSICHT BEHÄLTST! SO WAS IST IRGENDWIE AUCH EINE GEISTESGABE!
OOOH!

OOOH!
OOOH!
OOH!
OOOH!
OOOH!
OOH!
DAMARIS! LASST MICH NICHT ALLEIN!
HALT! IN DEN KREISSSAAL DÜRFEN NUR ANGEHÖRIGE HINEIN! SIND SIE DIE SCHWESTER?
ICH?
NA KLAR! ICH BIN DIE OBER-SCHWESTER!
ÄH... W... WIR SIND ALLE FÜNF IRGENDWIE BRÜDER UND SCHWESTERN...
OK, DANN DARF EINER MIT... ABER NUR EINER!
ICH GEH MIT!
GUT, UND WIR WERDEN TOTAL TREU HIER DRAUSSEN WARTEN, BIS...
NEIN, FAHRT NACH HAUSE. ICH RUF EUCH AN, WENN ES SOWEIT IST...
OOOH!

PUH! DAS WAR ABER FÜNF VOR ZWÖLF!
ÄH, NEE! DAS WAR ZWANZIG VOR ZWÖLF! JETZT IST ES FÜNF VOR ZWÖLF!
DIREKT NOCH ZEIT, EIN PAAR GUTE VORSÄTZE ZU FASSEN, WAS, HERMANN...?
NEE... WAS ICH MIR VORNEHME, KLAPPT EH NICHT...
KOMM, HERMANN! NICHT SO PESSIMISTISCH, JA?
HMM...
IMMER HABE ICH „NEIN" GESAGT, ZU DEM, WIE ICH BIN...
VIELLEICHT SOLLTE ICH DAMIT ANFANGEN, „JA" ZU SAGEN...
JA...
16

...EIN FROHES NEUES „JA"!
TJA... SO WAR DAS... UND JETZT SITZE ICH HIER... GANZ ALLEIN MIT DAMARIS... UND FRAGE MICH, OB DAS NICHT VIELLEICHT EINE EINMALIGE GELEGENHEIT IST, IHR ENDLICH ZU SAGEN, DASS...
...ABER WIE SAGE ICH ES IHR? VIELLEICHT: „LIEBE DAMARIS, ICH MÖCHTE DIR ETWAS WICHTIGES MITTEILEN"... „ETWAS BEDEUTENDES"... „ETWAS"... ACH, EGAL! ICH MUSS MIR NUR EINEN RUCK GEBEN! ICH SAG' ES AUF „DREI"! ÄH... „EINS"... „ZWEI"... UND...
17

ICH MÖCHTE SPÄTER MAL MINDESTENS DREI BABYS HABEN...
...
SO RICHTIG AUF DEN GESCHMACK GEKOMMEN BIN ICH, ALS CHRISSI IHREN KLEINEN FRATZ ZUM ERSTEN MAL MIT IN DEN HAUSKREIS GEBRACHT HAT...
WAR DER SÜÜÜSS!
?!
DU, CHRISSI! WIE HEISST ES EIGENTLICH NOCHMAL?
JONATHAN!
JUNGE ODER MÄDCHEN?
JONATHAN? HAST DU DIR DAS IRGENDWIE SO SELBST ÜBERLEGT?
NEE! JONATHAN, SO WIE DER EINE BEI DAVID UND JONATHAN!
WELCHER?
„HABAKUK" FAND ICH ABER AUCH ECHT GANZ GUT ALS NAMEN!
18

GUCK MAL, WIE KLEIN SEINE FINGERCHEN SIND!
SÜÜÜSS!
ECHT KNUDDELIG, DER KLEINE!
UND DIESE PAUSBÄCKCHEN! VOLL KNUFFIG!
IHR DRÜCKT AN IHM HERUM, ALS WÄRE ER EIN STÜCK OBST!!
MARTIN – ICH GLAUBE, DER KLEINE WILL ZU DIR!
OK – LASSET DAS KINDLEIN ZU MIR KOMMEN!
UUÄÄÄÄÄ! UUÄÄÄÄÄ!
ER WEINT!
SCHNELL! SINGT WAS!
„DRU CHUNUSUN MUT DUM KUNTRUBUSS…"
HMM…
SEIN BÄUERCHEN!! HAT ER SCHON SEIN BÄUERCHEN GEMACHT?
EY, DAS IST TOTAL WICHTIG, GLAUB ICH!
ECHT?
OH GOTT!
LEUTE! KEIN GRUND, VERRÜCKT ZU SPIELEN!
EI DUDZI-DUDZI-DUZ!
UUÄÄÄÄ! UUÄÄÄÄ!
OOOH, GUCK! DADADADA!
JAWOISSERDENN? JAWOISSERDENN?
MAN SOLLTE MEINEN, JESUS HÄTTE GESAGT: WENN IHR NICHT WERDET WIE DIE BABYS…
OH! ICH GLAUBE, ER WILL ZU DIR, STEFAN… HIER!
OK! OK! HAB IHN!
HAB IHN!
HAB IHN!

ACHTUNG, ER WILL ETWAS SAGEN!
... RÜLPS!
JAAAAA!! ER HAT SEIN BÄUERCHEN GEMACHT!!
BEI MIR! BEI MIR! ERST, ALS ER BEI MIR WAR!
NA, MEIN SÜSSER! JETZT WILLST DU ZU DAMARIS, WAS?
MEINE GÜTE! BENEHMEN DIE SICH ALLE BESCHEUERT!
OOOH! IHR HABT EIN GESCHENK MITGEBRACHT?
ACH... SCHÖN! EINE BIBEL MIT ROSA KUSCHELPLÜSCH-EINBAND!!
JA, DENN MAN KANN JA NICHT FRÜH GENUG MIT GOTTES WORT IN BERÜHRUNG KOMMEN!
WIE WÄR'S, WENN ICH JETZT MEINE PANTOMIME ZUM THEMA „FREUDE ÜBER DAS NEUE LEBEN" DARBRINGE?
WAS? DIESEN GANZEN SCHWACHSINN AUCH NOCH KÜNSTLERISCH ÜBERHÖHEN? OH MANN! ICH HASSE BABYS!
HUCH! UND WAS WILL ER JETZT?
...
20

WAS UNSERE KIRCHENGEMEINDE BETRAF, WAR DAS DAMALS ALLERDINGS KEINE BESONDERS GUTE ZEIT FÜR CHRISSI... NAJA...
WENIGSTENS WIR WAREN KLAR AUF IHRER SEITE!
WAAAS?! DIE GEMEINDELEITUNG WILL CHRISSI AUS UNSEREM HAUSKREIS WERFEN? BLOSS WEIL IHR FREUND KEIN CHRIST IST?
FREUNDE! LASST UNS EINMÜTIG IN STILLE MIT FLEHEN UND DARBRING... DANKS... MIT FÜRBITTE UND... UND... FLEHEN VOR DEN HERRN TRETEN! HERMANN, SCHLIESST DU DANN MIT UNS AB?
WIE? ACH SO, AMEN! ... ÄH... JA! OK, LASST UNS DIE AUGEN SCHLIESSEN ZUM GEBET...
21

WARUM KRATZT MEIN PULLOVER HEUTE BLOSS SO BESCHEUERT ??? WIE SOLL MAN DABEI BETEN ??
GOTT! WENN DU ES MAL LOGISCH BETRACHTEST, LIEGT HIER OFFENBAR KEINE BIBLISCHE FUNDIERUNG VOR!
VATER, ICH BIN SO AUFGEWÜHLT! IST DAS EINE ANFECHTUNG?... ICH KANN KEINEN KLAREN GEDANKEN FASSEN...
HMMM... WAS DIE ANDEREN WOHL GERADE DENKEN? OB SIE WIRKLICH BETEN ???
FANGEN PULLOVER AN ZU KRATZEN, WENN MAN SIE NICHT WÄSCHT ??
...ICH DENKE DA ZUM BEISPIEL AN 1. SAMUEL 16 VERS 7 B! ODER...
KON-ZEN-TRIIIIIERE DICH, DAMARIS! KONZEN-TRIIIIIERE DICH!...
WIE DIE ANDEREN WOHL AUSSEHEN, WENN SIE BETEN? EIGENTLICH DARF MAN JA NICHT GUCKEN, ABER...
IN-TRE-SSANT!
22

MEIN LETZTER LIEBLINGSPULLI WAR SCHON GLEICH NACH DER ERSTEN KOCHWÄSCHE TOTAL VERFILZT...!!
...ICH DARF AUCH AUF MATTHÄUS 12 VERS 31 HINWEISEN, HERR...
OH! WARUM KÖNNEN BLOSS IMMER ALLE IN VOLLMACHT BETEN, NUR ICH NICHT??
WIE LANGE BETEN WIR EIGENTLICH SCHON? EINE STUNDE? ZWEI? MAN TÄUSCHT SICH SO LEICHT... SOLL ICH JETZT SCHLUSS MACHEN?...
... ODER JETZT?
... ODER JETZT?
ODER JETZT???
OH, GOTT! MACH, DASS MIR NIE WIEDER EIN PULLI VERFILZT. AMEN!! ACH JA... UND WEGEN CHRISSI...
AUS DEN GENANNTEN STELLEN ERGIBT SICH FÜR MICH DIE FOLGENDE BITTE:...
OH VATER! VERZEIH! VERZEIH MIR, DASS ICH MICH WIEDER NICHT KONZENTRIEREN KONNTE! ICH BIN SOOO SCHLECHT! ACH HERR, ICH BITTE DICH...
JETZT!! ACH NEIN! ICH MUSS JA AUCH NOCH WAS BETEN!!!
GOTT! GIB, DASS CHRISSI BEI UNS BLEIBT!
AMEN!

MENSCH-DANKE, DASS IHR SO FÜR MICH EINSTEHT IM GEBET! IHR SEID WAHRE FREUNDE!!
SOLLTE ICH NOCH MAL EINEN ANLAUF WAGEN UND DAMARIS...
DAMALS WAR ICH TOTAL VERLIEBT IN STEFAN...
GRRRRMMMMMMBLLGR GRRRRROOiiiNGRRR...
STEFAN WAR SO KLUG...
JETZT KÖNNTE ICH ETWAS ZU ESSEN... MOMENT - WIR HATTEN DOCH WÜRSTCHEN DABEI!!
GRRUMMMEL GRUMMEL...

UND ER WAR SO GEISTLICH... UND ER WUSSTE SO VIEL!
...ZUERST BAUT MAN EINE GANZ AUFRICHTIGE FREUNDSCHAFT ZU EINEM NICHTCHRISTEN (WICHTIG!) AUF. WENN SICH DANN - OFT SCHON NACH NUR ZWEI JAHREN - MAL EINE GELEGENHEIT ERGIBT, NIMMT MAN IHN ODER SIE MIT IN DIE GEMEINDE, WO ER ODER SIE DANN IN EINEM GANZ SPEZIELL AUF AUSSENSTEHENDE ZUGESCHNITTENEN GOTTESDIENST BEKEHRT UND ANS GEMEINDELEBEN GEWÖHNT WIRD!
GENIALE STRATEGIE!
...SO BIBLISCH!
... UND SO EINFACH!
KLASSE!
IRRE!
UND EFFIZIENT!
TOLL!
LINIE 104

SIE KOMMEN AUS... THAILAND, ODER...?
AUS TAIWAN...
LINIE 104
DANN SIND SIE KEINE CHRISTIN?
NEIN... BUDDHISTIN...
JA? ACH... ALSO... IN DER BIBEL STEHT, DASS MAN GOTT NUR DURCH JESUS FINDEN KANN! ...HABEN SIE EINE BIBEL?...
NEIN...
DANN BESUCHEN SIE MICH MAL!! ICH SCHENKE IHNEN EINE BIBEL! SOLL ICH IHNEN MEINE ADRESSE AUFSCHREIBEN?
JA, GERNE...
26

OH! DA KOMMT MEIN BUS! ALSO... AUF WIEDERSEHEN!
JA... AUF WIEDERSEHEN! UND ... DANKE SCHÖN...
NUR 40 SEKUNDEN!!!
27

ACH NEE... ICH SOLLTE DAMARIS AUCH NOCH WELCHE ÜBRIGLASSEN...
ERINNERST DU DICH NOCH DARAN, WIE STEFAN UM MEINE HAND ANGEHALTEN HAT?
HMMPF... KLAR!
28

STEFAN HATTE SICH MIT DIR IM STADTPARK VERABREDET. KURZ BEVOR IHR EINGETROFFEN SEID, SIND MARTIN, CHRISSI UND ICH IN STEFANS AUFTRAG AUF DEN BAUM GEKLETTERT, UNTER DEM ER DIR SEINEN ANTRAG MACHEN WOLLTE. ICH SEH' UNS NOCH ÜBER DIE WIESE LAUFEN...
RASEN NICHT BETRETEN

HIER IST ER... JETZT WIRD GEKLETTERT.
SAGT MAL, ERINNERT SICH EINER VON EUCH NOCH AN DAS STICHWORT?
KNACKS!
DER WAR MORSCH!
ICH HAB' ALLE VERTEILT. HIER SIND DIE FÄDEN...
SEHR GUT, ABER ERST RUNTERLASSEN, WENN ES SOWEIT IST! ICH NEHME DEN CD-PLAYER...
OK... DANN WERF' ICH DIE... OH! SIE KOMMEN!
JETZT REDEN DIE SCHON EINE HALBE STUNDE! WANN...
HEEERMAAAN... MEIN BAAAIN IST EINGESCHLAAAAAFEN...
PSST!
HÖRT DOCH MAL ZU!!
30

UND DARUM, DAMARIS, MÖCHTE ICH DICH FRAGEN...
?
WARUM REDET ER NICHT WEITER?
?
?
UND DARUM, DAMARIS MÖCHTE ICH DICH FRAGEN...
ER WIEDER-HOLT SICH...
ER WIEDER-HOLT SICH...
ODER WAR DAS DAS...
31

UND DARUM, DAMARIS...
...STICHWORT ???
Ja!
Ja!
Ja!
Ja!
Ja!
Ja!
Ja!
WILLST DU MICH HEI-RATEN?
ALLES WAR SO PERFEKT!
ZU PERFEKT! VOR ALLEM STEFAN... WENN BEI IHM IRGENDWAS NICHT NACH PLAN LIEF, WURDE ER JEDES MAL TOTAL AGGRESSIV!
32

IN SOLCHEN MOMENTEN FÜHLTE ICH MICH JEDEM ANDEREN MENSCHEN NÄHER ALS IHM... OBWOHL ER MIR DOCH AM ALLER, ALLER-MEISTEN HÄTTE BEDEUTEN MÜSSEN...
...UND IN DEM BUCH WIRD DANN JEDER MENSCH EINEM VON ELF TYPEN ZUGE-ORDNET, DIE DURCH-NUMMERIERT SIND...
ACH SO-JA. KENN ICH. DA STEHT DANN DRIN, DASS PETRUS EINE „VIER" WAR, WEIL ER SICH IMMER SO TOTAL FÜR ANDERE EINGESETZT HAT, ODER?
NEE, ALSO ICH FIND DAS ECHT NICHT GUT, MENSCHEN SO IN SCHUBLADEN ZU TUN!
OK! LASST UNS MAL UNSER NÄCHSTES PRO-GRAMM PLANEN. ES IST SCHON HALB ZEHN UND...
TYPISCH „FÜNF"! KRANKHAFTES BEDÜRFNIS NACH PLÄNEN UND SICHERHEIT!
ICH HATTE DAS BUCH AUCH MAL, HAB'S DANN ABER VERLIEHN UND WEISS NICHT MEHR, AN WEN!
ICH GLAUBE, HERMANN HAT ES. JE-DENFALLS HAB ICH'S IHM WEI-TERGEGEBEN!
WENN ER ES GELESEN HAT, IST ER EINE „SECHS", SONST EINE „DREI". UND WENN ER BLOSS GINKO-BLÄTTER DRIN PRESST, IST ER EINE „ELF"-WIE GOETHE!

WAS DAS HERUMSPIONIEREN IN FREMDEN WOHNUNGEN BETRIFFT, BIN ICH EINE „007"...
LEG SOFORT MEIN TAGEBUCH WEG, HERMANN!
GENAU! HERMANN, DU... DU... NULL-ACHT-FUFFZEHN!
OK! WER MACHT DAS NÄCHSTE THEMA? ICH HAB KEINE LUST, SCHON WIEDER THEMA ZU MACHEN!!
KEINER WILL THEMA MACHEN? DANN SIND WIR ALLE EINE „DREI"- TOTAL LUSTORIENTIERT UND TRÄGE!
DAS KANN GAR NICHT SEIN! ICH JEDENFALLS BIN EINE „ZWEI" WEGEN MEINEM GUTEN CHARAKTER UND AUSSERDEM BIN ICH AUS KÖLN!
NA UND?
WER AUS KÖLN KOMMT, IST EINE 47-11!
RUHE! ICH HAB GEFRAGT, WER THEMA MACHT!

ALSO... WAS EUER VERANTWORTUNGSGEFÜHL FÜR UNSEREN HAUSKREIS BETRIFFT, SEID IHR ALLE...
EIN PAAR... ÄH... ÄÄÄH...
...GANZ...
...GROSSE...
...
...NULLEN.
35

ER WOLLTE MICH UNBEDINGT HEIRATEN, ABER ICH WAR NOCH NICHT SO WEIT... ICH WAR EINFACH NOCH NICHT REIF GENUG FÜR IHN...
ÄH... NAJA. SO WÜRDE ICH DAS NICHT SAGEN...
?
UND DANN WAR ALLES AUS...
WAAS? DAMARIS HAT IHRE VERLOBUNG MIT STEFAN AUFGELÖST?!!
ABER...WARUM? ...KOMMEN SIE DENN HEUTE ABEND NOCH?
SIE SIND ZURZEIT NOCH MAL IN SEELSORGE BEI EINIGEN LEUTEN. ...SO KRISENMÄSSIG...
OH! SCH...
VIELLEICHT KOMMEN SIE DANACH...

DIE EHE, NICHT WAHR, IST WIE ... DAS IST WIE ... ALSO MEINE FRAU, NICHT WAHR, SAGT IMMER, DAS IST WIE ... WIE ... WIE SOLL ICH DAS SAGEN...
ALSO...
ÄH...
DU! ICH VERSTEH DICH DA SO TO-TAL! UND ICH KANN DA AUCH SO GANZ INTENSIV MIT DIR MITFÜHLEN - ICH MEINE, SO GANZ TIIIIEF VON INNEN HER, WEISST DU, LIEBER STEFAN!
ÄH, DAS IST ABER SCHÖN!
ICH ERREICHE IMMER ECHT... ECHT VIEL MIT FASTEN! DAS... DAS HAT WAS WIRKLICH SPIRITUELLES! UND!! ES ENTSCHLACKT DEN KÖRPER!!!
ZUSÄTZLICH!!

ALSO... ICH WEISS NICHT GENAU, WAS ICH DIR SAGEN SOLL, ABER ICH HAB DA GESTERN EIN GANZ TOLLES BILD VON GOTT HER FÜR DICH BEKOMMEN! DA WAR WASSER! GANZ VIEL WASSER!! UND AM WASSER STAND JEMAND MIT EINEM REGENMANTEL... NA, WAS SAGST DU?
ÄH...
NA?
...UND LASST MICH EUCH BEIDEN ZUM SCHLUSS NOCH EINE LIEDZEILE ZURUFEN! „WER AUF GOTT VERTRAUT / BRAUCHT SICH NICHT ZU FÜ-HÜRCH-TEN / VOR DEN TRÄNEN DER NACHT / UND DER EINSAMKEIT / ER DARF MIT HOFFNUNG / IN DEN NEUEN TAG GEHEN..." ALSO, IHR ZWEI! HABT HOFFNUNG!
DA KOMMEN SIE!
WAS FÜR EIN ABEND...
38

HAST DU DARAN GEDACHT, DEN HAUSKREIS ZU VERLASSEN, NACHDEM ALLES VORBEI WAR?
JA. ICH WAR SOGAR SCHON FEST ENTSCHLOSSEN, ABER...
...DANN TRÄUMTE ICH ETWAS SEHR MERKWÜRDIGES ...
39

ICH GING SO FÜR MICH HIN AM MEER ENTLANG... DA HÖRTE ICH PLÖTZLICH EINE STIMME, DIE MICH BEIM NAMEN RIEF...
DAMAAARIS!
DAAAMAAAARIS! ICH WEISS, DASS DU DEINEN HAUSKREIS VERLASSEN HAST, UM DORT NICHT MEHR STEFAN, DEINEM EX-VERLOBTEN, ZU BEGEGNEN! ABER ICH HABE NOCH EINIGES MIT DIR UND DEM HAUSKREIS VOR UND DARUM SCHICKT DIR UNSERE ABTEILUNG FÜR BILDER UND VISIONEN DIESEN ERMUTIGENDEN TRAUM...
JA, HERR?
?
OH! ECHT JETZT?
SIEHST DU DIESE SPUREN IM STRAND®?
JA... ABER... WAS BEDEUTET DAS „R" IN DEM KLEINEN KREIS?
ANWEISUNG DER MARKETINGABTEILUNG. WIR BEHALTEN DAS COPYRIGHT AUF EURE TRÄUME UND DRUCKEN SIE IN ZUKUNFT SELBER AUF LINEALE, KERZEN UND VOR ALLEM RADIERGUMMIS!
ACH... ECHT?
40

DIESE SPUREN IM STRAND® ZEIGEN DIE ZUKUNFT!
OH! MEINE SPUREN IM STRAND® WIE SIE SICH VEREINIGEN MIT DEN SPUREN IM STRAND® VON DEN ANDEREN HAUSKREISLEUTCHEN!
UND HIER DIE SPUREN IM STRAND® ZU EINER ZEIT, IN DER ES DIR MAL NICHT SO GUT GEHEN WIRD...
DA SIND JA NUR VIER SPUREN IM STRAND®! WIESO SIND DA NUR VIER SPUREN IM STRAND®? HABEN MICH DIE ANDEREN ETWA ZURÜCKGELASSEN???
PASS AUF!
SCHNIPP

AUF EINEM SCHLÜSSELANHÄNGER HABE ICH MAL GELESEN, DASS DU SELBST JEMANDEN GETRAGEN HAST...
DIE VIER DA - DAS BIN ICH!
ABER... DA! DA IST NUR EINE SPUR IM STRAND®! DANN WERDEN DIE ANDEREN MICH ALSO DOCH IRGEND-WANN ALLEIN LASSEN!
NEIN! DA, WO DU NUR EINE SPUR IM STRAND® SIEHST, SEID IHR SCHWIMMEN GEGANGEN... BIS AUF MARTIN...
...DEM WAR DAS WASSER ZU KALT.
42

WIE EIGENARTIG... HMM... SOWAS MERKWÜRDIGES HAB' ICH AUCH SCHON MAL GETRÄUMT... WIR... WIR SASSEN ZUSAMMEN IM HAUSKREIS... UND ICH RIEF...
WIE ERKENNE ICH GOTTES PLAN FÜR MEIN LEBEN?
WIE?
JA! WIE?
WIE BLOSS?
WIE?
PUFF!
HI, HERMANN!
?
?
?
?
?

GOTT HAT MICH IN SEINER UNENDLICHEN GÜTE BEAUFTRAGT, DIR DEIN LEBEN ZU ZEIGEN, SO WIE ES VON IHM GEPLANT WARD. WOMIT SOLLEN WIR ANFANGEN? HIER HÄTTE ICH ZUM BEISPIEL FOTOS VON DIR IN JEDEM LEBENSALTER ODER VON ALLEN HÄUSERN, IN DENEN DU JEMALS DAS WORT „BRUTTOSOZIALPRODUKT" SAGEN WIRST! UND WER IST DAS HIER?
?
INTERES... AAAH! HIER! DEINE ZUKÜNFTIGE LIEBLINGSFERNSEHSERIE UND ALLE WEIHNACHTSGESCHENKE, DIE DU JEMALS... ODER WILLST DU LIEBER WISSEN, WORAN DU STERBEN WIRST???
ABER WAS SOLL'S! IHR MENSCHEN HALTET EUCH JA SOWIESO NIE AN DAS, WAS MAN EUCH SAGT... UND DARUM HABEN WIR HIER AUCH NOCH...
PLAN FÜR HERMANN
DAS!
ZACK!
PLAN B
AUTSCH!
...ABER DENKE JAAA NICHT, DASS GOTT DAMIT AM ENDE SEINER WEISHEIT WÄRE...

AUA!
HILFE!
HILFEE!
PLAN C
PLAN E
PLAN I
PLAN K
UND DANN?
DANN BIN ICH AUFGEWACHT...
HILFEE!...?
BIBEL

„DARUM SORGT EUCH NICHT UM MORGEN. ES IST DOCH GENUG, WENN JEDER TAG SEINE EIGENEN LASTEN HAT. GOTT WIRD AUCH MORGEN FÜR EUCH SORGEN…"
BIBEL
FASZINIE…
KRRK!
DÄNG!
?
DER FAHRSTUHL BEWEGT SICH!
?
KRRKRRKRRKRR
?
!
!
!
46

SSSSSSSSSSSSSSSSSSSSSS
Ssssss
QUiiiiiiiET!
POLTER!
KLONK!
BANG!
KA WONK!

(STÖHN!)
HALLO!?
?
?
?
?
?
48

HALLO? HABEN SIE GEDRÜCKT? ÄH... WIR HABEN HIER GERADE EINE KLEINE SILVESTERFEIER UND ÄH... IHR ALARM IST ÄH... DABEI ETWAS UNTERGEGANGEN... ÄH.... ABER ICH SCHICK' IHNEN JETZT EINEN TECHNIKER UND MELDE MICH DANN NOCH MAL...
JÖRG!
JÖRG!
WASNLOS?
!
!
ALARM
IRGENDWELCHE DEPPEN IM FAHRSTUHL GOETHESTRASSE. HOL' DEIN WERKZEU...
HE, KOLLEGE! DAS MIKRO IST NOCH AN! DIE KÖNNEN HÖREN, WAS DU SAGST
QUATSCH. DAS MIKRO IST AN, WENN DIE ROTE LAMPE LEUCHTET, DU IDIOT!!
DIE GRÜNE, DU PENNER!
ROT!
GRÜN!
ROT, SAG ICH...
!
!
ALARM
ICH WÜRDE SAGEN: GRÜN!
ECHT?? GRÜN?
JA!
SIEHSTE!

ICH HALT'S NICHT AUS! WIE KANN DAMARIS BLOSS SO RUHIG BLEIBEN?
DAMARIS... „ICH WÜRDE DIR GERNE ETWAS FANTASTISCHES"...- NEE, DAS IST ZU... „NACH LANGEM RINGEN HABE ICH MICH DAZU DURCHGERUNGEN"... - NEIN, VIIIEL ZU... ÄH... GANZ SCHLICHT MUSS ES SEIN...
DAMARIS! ICH MUSS DIR 'WAS SAGEN!
?
JA? WAS DENN HERMANN?

ÄH... WIE KANNST DU SO RUHIG BLEIBEN?
DU MEINST, WEGEN... NAJA, ICH HAB' GEBETET, DASS WIR BALD BEFREIT WERDEN - ALSO... WOZU SORGEN?
ÄH... TJA... HOFFEN WIR, DASS DEIN GEBET NICHT NUR BIS ZUR DECKE GE...
„BIS ZUR DECKE" - DAS ERINNERT MICH AN 'WAS...
?
HIER, MARTIN! DU HAST JA EBEN DAFÜR GEBETET, DASS DEINE GEBETE NICHT IMMER NUR BIS UNTER DIE DECKE GEHEN! ABER WAS IST, WENN DAS GEBET AUCH NUR...
MIST! DAS WÄR DANN ECHT BLÖD!
WIE MUSS MAN DENN BETEN, DAMIT SO EIN GEBET GARANTIERT DURCH DIE DECKE GEHT?
52

IRGENDWIE... ERNSTHAFT!!
VOLL-MÄCHTIG!
MIT VIIIEL POWER VOM HEILIGEN GEIST!!
MIT VIIIEL POWER? HMMM... ICH VERSUCH'S MAL MIT EINEM STOSS-GEBET... OK?...
HERR, LASS UNSERE GEBETE NIIIIE WIEDER NUR BIS UNTER DIE DECKE GEHEN! OH, HERR! WIR FLEHEN DICH AN! ERHÖRE UNS!!
AMEN!
!
!
!
!

STELLT EUCH MAL VOR, MAN KÖNNTE DIE GEBETE SEHEN, WIE SIE SO UNTER DER DECKE HÄNGEN! WAS WÄRE DANN, WENN MAN IM ERDGESCHOSS BETET UND IN EINEM HOCHHAUS SITZT?
TJAHA! DA GIBT'S DANN EINIGE DECKEN ZU DURCHDRINGEN!
WÄRE JA PEINLICH, WENN DAS GEBET DANN ERST UNTERWEGS AN IRGENDEINER DECKE HÄNGEN BLEIBT! IN EINER FREMDEN WOHNUNG!
54

ÄH...
WIESO KANN GOTT EIGENTLICH KEINE GEBETE ERHÖREN, DIE NUR BIS ZUR DECKE GEHEN?
JA, JA - MARTIN UND SEINE STOSSGEBETE. MANCHMAL KANN ER EINEM ECHT AUF DIE NERVEN FALLEN. SO WIE DAMALS, ALS ER SEINE GABE ENTDECKT HAT!
WANN WAR DAS?
PASS AUF...
DU, MARTIN. CHRISSI IST IMMER SO STILL IM HAUSKREIS. WORAN MAG DAS LIEGEN?
WEIL SIE HÄUFIG NIE WAS SAGT?
HMM...DU! ICH HAB GESTERN IN EINEM... ÄH... BUCH GELESEN, DASS MAN DARAUF AUFPASSEN SOLL, DASS ALLE IN DER GRUPPE AM GESPRÄCH BETEILIGT SIND!
OK! ICH WERD' NACHHER MAL TOTAL MIT DRAUF ACHTEN!

...UND AUSSERDEM HAT MOSE HIER...
?
JAAA, HERMANN. ABER LASS UNS DOCH MAL AUF DAS HÖREN, WAS CHRISSI DAZU MEINT!!! HMMM? ... CHRISSI? ...
?
ICH WEISS JA GAR NICHT, WAS HERMANN SAGEN WOLLTE...
AAAAH! DU, DAS FINDE ICH JETZT ECHT SUPER, DASS DU DICH DAZU ÄUSSERST! DAS SCHAFFT IRGENDWO AUCH ECHT UNHEIMLICH TRANSPARENZ, WEISST DU, LIEBE CHRISSI! EIGENTLICH SCHADE, DASS DU SO SELTEN ETWAS SAGST, WEIL DU HAST UNS ALLEN ECHT UNHEIMLICH TOTAL VIEL ZU GEBEN! JA! ICH GLAUBE...
...DU STELLST DEIN LICHTLEIN MANCHMAL ECHT EIN WENIG ZU DOLL UNTER DEN SCHEMEL! DENN WAS WÄRE UNSER HAUSKREIS EIGENTLICH OHNE DICH? ÜBERLEG MAL! EIN KLÄGLICHER HAUFEN VON GESETZLICHEN, PICKELIGEN, VERKOPFT HERUM-LABERNDEN SCHWACHKÖ...ÄÄH...MAL ABGESEHEN VON..ÄÄH...
...ALSO... ÄÄÄH... ÄÄÄÄH...

ÄH... DENN WEISST DU: VON UNS ALLEN BIST DU VIELLEICHT DIE, DIE ECHT AUCH AM ALLERMEISTEN AUTHENZI... AUTHENZITI... AUTOZITENZITITÄT (SCHWERES WORT, ABER ICH HAB'S GESCHAFFT!) RÜBERBRINGT! DU BENIMMST DICH EINFACH SO... VOLL NATÜRLICH! JA!... SO NATÜRLICH WIE... EINE KLEINE ROTE, MIT DUNKLEN ERDKRUMEN BEHAFTETE, VITAMINDURCHTRÄNKTE, VERSCHRUMPELTE BIOKAROTTE!
ECHT JETZT!
...UND EIGENTLICH GLAUBE ICH AUCH TIEF IN MIR DRINNEN TOTAL DARAN, DASS DU DER WELT IRGENDWO IRGENDWAS ZU SAGEN HAST! ABER DU MUSST DAS AUCH RAUSLASSEN! MEINE NACHBARN ZUM BEISPIEL, DIE LASSEN MORGENS IMMER IHREN DACKEL RAUS. DAS FINDE ICH EEECHT GUUUUT! WEISST DU, DAS IST SOOO WICHTIG! RAUSLASSEN – DAS IST ECHT SO TOTAL WICHTIG!!
DONK!
DONK!
DONK!
„RAUSLASSEN"?
... UND SPÄTER SASS ER DANN IM BUS NACH HAUSE UND DACHTE...

JA! ICH HABE MEINE GABE ENTDECKT! ERMUTIGEN!! ACH! WELCHE IRONIE DER SCHÖPFUNG! ICH, DER ICH VIEL ZU WENIG ERMUTIGT WORDEN BIN IM LEBEN, DARF NUN ANDERE ERMUTIGEN!! OB ICH HEUTE ABEND WOHL NOCH JEMANDEN TREFFE, DEM ICH MIT MEINER GABE DIENEN DARF... DEN ICH IN NEUE DIMENSIONEN DES SELBSTBEWUSSTSEINS FÜHREN DARF... TJA...
DU! FAND ICH ECHT TOTAL GUT VON DIR, WIE DU HEUTE ABEND IM HAUSKREIS CHRISSI ECHT SO VOLL ERMUTIGT HAST! DU KANNST DIR GAR NICHT VORSTELLEN, WAS DIESE KLEINE ERMUTIGUNG VIELLEICHT IN IHR BEWEEEGT...
...HABEN MAG!" UND DANN HAT ER VORM EINSCHLAFEN WAHRSCHEINLICH NOCH EINE STUNDE LANG ÜBERLEGT, WEN ER AM FOLGENDEN TAG ALLES ERMUTIGEN WOLLTE!
JA, MANCHMAL NERVT MARTIN. ABER ER IST AUCH EINE GANZ TREUE SEELE! ZUM BEISPIEL NEULICH, ALS WIR MIT CHRISSI MÖBEL GEKAUFT HABEN...

UND WAS WILLST DU KAUFEN, CHRISSI?
NUR EIN EINZIGES REGAL, SONST GAR NICHTS! NUR SCHNELL REIN UND EIN KLEINES REGAL KAUFEN!
ÜBRIGENS, KÖNNTE EINER VON EUCH NACHHER MIT AUF MEINEN KLEINEN JONATHAN ACHTEN?
ICH!!! ICH MACH DAS, CHRISSI!!
DANKE, MARTIN!
NIEMEA
NIEMEA
EINGANG
HEY! VIELLEICHT KÖNNEN WIR HIER AUCH EIN ZEUGNIS SEIN UNTER ALL DEN VIELEN VERLORENEN - MIT DER LIEBE, DIE WIR HABEN UNTEREINANDER!
JONATHAN, SPINNST DU? KOMM DA RUNTER!!
WO IST DENN MARTIN? DER WOLLTE DOCH...
MARTIN? DA DRÜBEN...
?
ICH SCHICKE IHN MIT JONATHAN IN DIE KINDERAUFBEWAHRUNG, DANN KANNST DU IN RUHE AUSSUCHEN...
ICH WÜRDE DAS IVA-REGAL NEHMEN. BÜLLY IST SO FURNIERIG. IVA IST IRGENDWIE EHRLICHER! EINFACH HOLZ UND FERTIG!
ABER DIESE LÖCHER! DIE NERVEN IRGENDWIE DIESE LÖCHER!

LIES DIE BIIIBEL, BETE JEDEN TAG, WENN DU WAAAARZEN WILLST...
MUSS ER HIER CHRIST-LICHE LIEDER SINGEN? PEINLICH!
IST DAS IHR SOHN?
MEIN SOHN? ÄÄH... NÖÖÖ...
GEHÖRT EINS DER ANDEREN KINDER ZU IHNEN?
N... NEIN...
UND WAS MACHEN SIE DANN HIER?
ÄÄÄÄH...
WAS ISST DU?
DORSCH MIT KLÜTENBOLLER IN INGWERSOSSE.
ICH HAB BÜLLERKLÖDEN MIT WALD-ERDBEER-MARMELADE.
...UND ICH KULLERBLÖDER IN JÄGER-SOSSE! ABER... OH! WIR HABEN MARTIN UND JO-NATHAN VÖLLIG VERGESSEN!

HALLO MARTIN! WIR HABEN DIR WAS MITGEBRACHT! WEIL DU SOLANGE WARTEN MUSSTEST!
VOLL LIEB VON UNS!
MANN, DAS WAR ECHT ALLES SO SUUPER-GÜNSTIG! DIE REISPAPIERLAMPE SKYLIDYR FÜR 29,98 UND DIE MOPPEL-ABLAGEKÄSTEN BLOSS 9,98. GANZ ZU SCHWEIGEN VON DEM SISALTEPPICH SFSTFTOFT FÜR KNAPP 139,98 ODER DAS 18 TLG. STARTSET FLÖDDER FÜR 29,98 ÄÄÄH.. DA FÄLLT MIR EIN...
WIR HABEN KEIN REGAL GEKAUFT!
NIEMEA
NIEMEA
ACH, JA - SO EIN TELLER MIT BULLER... KULLER... KLÖDER... MIT... MIT... HACKBÄLLCHEN WÄRE JETZT AUCH NICHT...

NEIN...
NEIN, HERMANN!! DIE SIND FÜR DAMARIS!
WORAN DENKST DU, HERMANN?
ACH... ÄH... AN NICHTS... ÄH... SAG MAL - WANN WAR DAS EIGENTLICH, ALS DU UND STEFAN - ALS IHR BEIDE EUCH ENTSCHIEDEN HABT, VON EUREN KIRCHENGEMEINDEN IN UNSERE ZU WECHSELN?
HM... KEINE AHNUNG... ICH WEISS NUR NOCH, DASS ICH MIR EINFACH MEHR VIELFALT GEWÜNSCHT HABE. UND BEI UNS LIEF IMMER ALLES GLEICH AB. ALLES WAR SO EINSEITIG!

STEFAN UND ICH HABEN VOR GOTT ERKANNT, DASS UNSERE GEMEINDEN ZU SPEZIELL SIND! DARUM WOLLEN WIR IN EURE KIRCHE EINTRETEN!
EY COOL! ABER... WIRST DU NICHT DAS „CHALLELUJA" IN DEINER GEMEINDE VERMISSEN?
... UND DAS „KATARATATAKAI-CHALATATAKAI"?
UND EURE TIEFTHEOLOGISCH-FUNDIERTEN PREDIGTEN MÜSSTEST DU DOCH AUCH VERMISSEN!
HÄ? WELCHE FUN...
ER MEINT STEFAN!
WENN ICH IN SO SPEZIELLEN GEMEINDEN WÄRE WIE IHR, DANN WÜRDE ICH AUF KEINEN FALL IN SO EINEN WISCHI-WASCHI-CLUB WIE UNSERE KIRCHE GEHEN WOLLEN!
DOCH, DENN DIE VIELFALT IST ES, DIE UNS ALS CHRISTEN SOOO REICH MACHT. ICH MEINE, STELL DIR DOCH SELBER MAL VOR, WIE ES WÄRE, WENN ALLE IN DEINER GEMEINDE SO WÄREN WIE DU...

ALLE WÜRDEN HINTEN LINKS IN DER LETZTEN REIHE SITZEN WOLLEN!
MEIN PLATZ!
MEIN PLATZ!
MEIN PLATZ!
IHR HÄTTET FÜR JEDEN SONNTAG DES JAHRES EINEN ANDEREN BASSISTEN!
AUF „DREI" ! EINS, ZWEI...
UND WENN DU DENKST, DANN HÄTTE KEINER MEHR ETWAS AN DEINEM ÄUSSEREN AUSZUSETZEN, IRRST DU DICH! IRGENDWAS FINDEN DIE LEUTE IMMER, WORÜBER SIE MECKERN KÖNNEN!
HABEN SIE GESEHEN, WIE MARTIN HEUTE MORGEN ZUM GOTTES-DIENST GEKOMMEN IST... GEKÄMMT!
MIT EINEM KAMM??? DAS IST UNWÜRDIG!

!!!
ÜBERZEUGT!
... UND KURZ DANACH WURDEN WIR ZU EINEM AUFNAHMEGESPRÄCH MIT EUREM KIRCHENVORSTAND EINGELADEN...
65

SOOO...IHR SEID ALSO DIE BEIDEN FREUNDE VON HERMANN UND MARTIN, DIE GERNE IN UNSERE GEMEINDE AUFGENOMMEN WERDEN WOLLEN...JAAA...DANN SEHT EUCH DOCH MAL DIESEN AUFNAHMEBOGEN AN UND LEST EUCH VOR ALLEM DIE FRAGEN GANZ UNTEN GUT DURCH!
„ERSTENS: IN WELCHEN BEREICHEN DER GEMEINDE KÖNNEN SIE SICH EINE MITARBEIT VORSTELLEN? ZWEITENS: WO SEHEN SIE ...
... DIE MÖGLICHKEIT, DAS LEBEN DER GEMEINDE MIT DEN VON GOTT AN SIE VERLIEHENEN GABEN ZU BEREICHERN? DRITTENS: AN WELCHER STELLE IM GEMEINDEALLTAG KÖNNEN SIE GOTT DURCH HINGEBUNGSVOLLES PRAKTISCHES ENGAGEMENT LOBEN UND EHREN? VIERTENS: KÖNNEN SIE DEN TOILETTEN-PUTZDIENST ÜBERNEHMEN?"
ALSO ZU DEN ERSTEN DREI FRAGEN FÄLLT MIR EIN, DASS ICH IN MEINER ALTEN GEMEINDE DEN GESCHWISTERN DURCH BILDER DIENEN DURFTE, DIE ICH VON GOTT HER FÜR SIE HATTE. UND VIELEN HAT DAS AUCH TO-TAL GEHOLFEN?
ÄH...„BILDER"...DAS IST JA WOHL ETWAS...DAS...DAS BEI UNS NICHT SO GEFRA...ÜBLICH IST UND... MAN MUSS BEI DIESEN DINGEN AUCH SEHR VORSICHTIG SEIN, DASS SICH DA KEIN GEIST VON UNTEN...

EEECHT? SIE HABEN NOCH NIEMANDEN IN IHRER GEMEINDE, DER VON GOTT HER BILDER FÜR DIE GEMEINDE HAT? DANN BIN ICH JA EINE ECHTE ERGÄNZUNG! EIN SEGEN! EINE GEBETSERHÖRUNG! EINE GAAANZ TOLLE BEREICHERUNG DER WUNDERBAREN VIELFALT, DIE GOTT UNS SCHENKEN WILL!!!
ÄH... JA... WENN ES NICHT ALLZU OFT PASS... ÄH...
OH! ICH GLAUBE, ICH SEHE GERADE EIN BILD! JA! EIN BILD FÜR MEINE NEUE GEMEINDE. DA SIND ZWEI SCHWARZE VÖGEL! SIE FLIEGEN ÜBER EINEM HIRTENHUND, DER ANGST HAT VOR SEINEN SCHAFEN, ABER GOTT WILL DIESEM HIRTENHUND MUT GEBEN, DAMIT ER SEINE HERDE WIEDER FÜHREN UND BEHÜTEN KANN!
ACH...
SO?
OH!
VORSICHT, BRÜDER!
OB SIE MEIN BILD WOHL NOCH AUSGELEGT HABEN, NACHDEM WIR WEG WAREN?
WER WEISS? VIELLEICHT WAR ES SO: WÄHREND IHR GEGANGEN SEID...

ACH, WIE SCHÖN, DASS ICH UNSERER NEUEN GEMEINDE SCHON HEUTE ABEND DIENEN DURFTE!
ICH GLAUBE NICHT, DASS DER KIRCHENVORSTAND VIEL MIT DEINEM BILD ANFANGEN KONNTE. DIE KENNEN SOWAS DOCH GAR NICHT! WAHRSCHEINLICH HABEN SIE ES LÄNGST VERGESSEN UND ÜBERLEGEN STATTDESSEN GERADE, OB SIE UNS DEN KINDERGOTTESDIENST AUFS AUGE DRÜCKEN SOLLTEN...
...UND WENN DOCH WAS DRAN IST?
ALSO DER HIRTENHUND - DAS KANN JEDENFALLS NUR EINER SEIN: WILFRIED! WILFRIED HOPNIK, UNSER HERR PASTOR!
JAAA - UND ER IST MUTLOS GEWORDEN, WEIL...JA... JA... WIESO EIGENTLICH?
UND WER SIND DIE SCHWARZEN VÖGEL? UND WARUM FLIEGEN SIE AUSGERECHNET ÜBER WILFRIED? ICH MEINE, WILFRIED HAT ES DOCH SONST AUCH NICHT SO MIT TIEREN...
FRAGEN ÜBER FRAGEN!

JA, WER WEISS... SO KÖNNTE ES GEWESEN SEIN!
!!
SIE IST GUT DRAUF! DAS MUSS ICH NUTZEN! JETZT ODER NIE!!
DU, DAMARIS, DU WEISST JA, DASS ICH DICH SCHON IMMER GERN GEMOCHT HABE, UND...
JA, ICH WEISS... UND DAS SCHÄTZE ICH AUCH AN DIR!
ICH KENNE ECHT WENIGE LEUTE, DIE SO HILFSBEREIT UND GENTLEMANMÄSSIG SIND, WIE DU!
ACH...

JA! BESTIMMT! ICH WERDE DIR NIE VERGESSEN, WIE DU MEINE ZWISCHENPRÜFUNGSARBEIT GERETTET HAST!
MENSCH! DU WOLLTEST MIR DOCH MAL ERZÄHLEN, WIE ES DAZU GEKOMMEN IST, HERMANN!
?
ÄH... ALSO... SO WEIT ICH MICH ERINNERE, BEGANN ALLES MITTEN IN DER NACHT... GENAU! ICH LAG IN MEINEM BETT UND SCHLIEF, DA SCHRECKTE MICH PLÖTZLICH ETWAS HOCH!
HUCH!

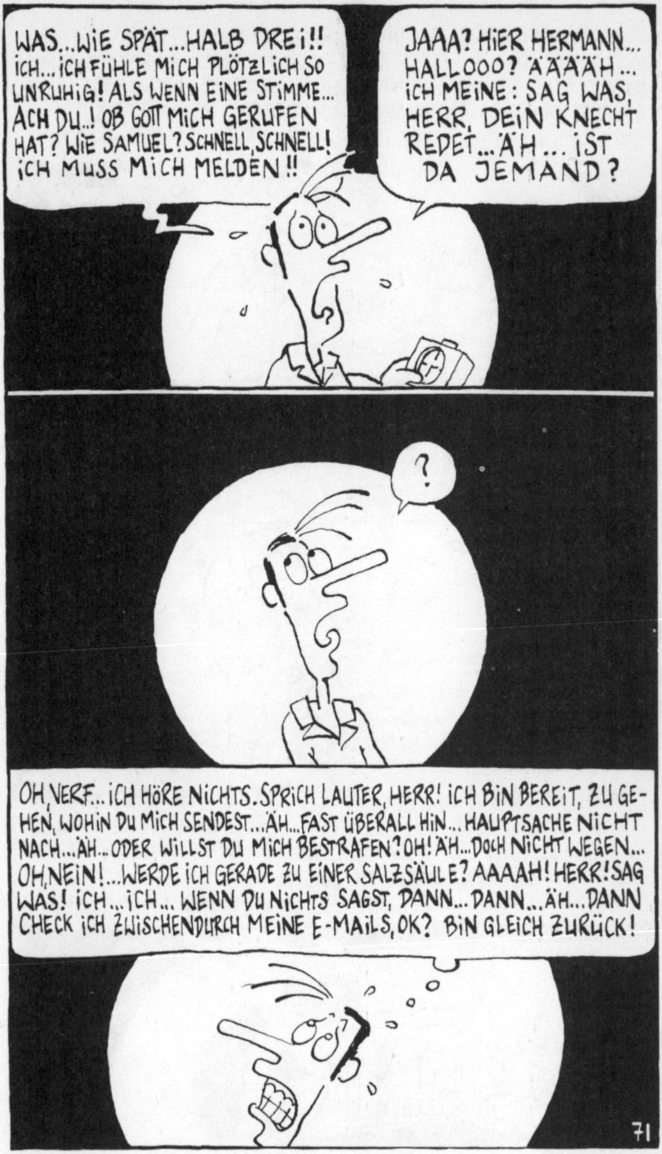
WAS...WIE SPÄT...HALB DREI!! ICH...ICH FÜHLE MICH PLÖTZLICH SO UNRUHIG! ALS WENN EINE STIMME... ACH DU..! OB GOTT MICH GERUFEN HAT? WIE SAMUEL? SCHNELL, SCHNELL! ICH MUSS MICH MELDEN!!
JAAA? HIER HERMANN... HALLOOO? ÄÄÄÄH... ICH MEINE: SAG WAS, HERR, DEIN KNECHT REDET... ÄH... IST DA JEMAND?
?
OH, VERF... ICH HÖRE NICHTS. SPRICH LAUTER, HERR! ICH BIN BEREIT, ZU GEHEN, WOHIN DU MICH SENDEST...ÄH...FAST ÜBERALL HIN... HAUPTSACHE NICHT NACH...ÄH...ODER WILLST DU MICH BESTRAFEN? OH! ÄH...DOCH NICHT WEGEN... OH, NEIN!...WERDE ICH GERADE ZU EINER SALZSÄULE? AAAAH! HERR! SAG WAS! ICH...ICH... WENN DU NICHTS SAGST, DANN... DANN... ÄH... DANN CHECK ICH ZWISCHENDURCH MEINE E-MAILS, OK? BIN GLEICH ZURÜCK!

ACH...! WAS VON DAMARIS! ICH BIN IHRE LETZTE RETTUNG. OB ICH IHR MORGEN MITTAG MIT IHREM PC HELFEN KANN. ER IST MIT IHRER ZWISCHENPRÜFUNGS-ARBEIT ABGESTÜRZT! FRAUEN! NAJA-KEIN PROBLEM! HAT SIE ABER GLÜCK GEHABT. ICH HÄTTE ERST MORGEN ABEND WIEDER MAILS ABGERUFEN... UND MORGEN VORMITTAG WÄRE ICH NICHT ZU ERREICHEN GEWESEN...
KLACK! KLACK! KLACK!
KLICK!
SO! UND AB DIE POST...
DA! WIEDER DIESES GEFÜHL IM BAUCH... OH!... OH!... ICH SOLL IN DIE KÜCHE GEHEN... ZUM KÜHLSCHRANK! JA... ICH WILL GEHORSAM SEIN!!! ICH WILL GEHORSAM SEIN!!! ICH WILL GEHORSAM SEIN!!!!
ÄÄÄH... UND JETZT? ICH HAB HUNGER... OB DER HERR WILL, DASS ICH EINEN JOGHURT ESSE??? ABER WIESO? ...MIST! ICH HÄTTE NICHT MEINE E-MAILS ABRUFEN SOLLEN! JETZT IST MEIN DRAHT ZU GOTT ABGERISSEN UND ICH WERDE NIE ERFAHREN, WAS ER MIR ZEIGEN WOLLTE!! TYPISCH ICH WIEDER! SO EINE CHANCE UND ICH HAB SIE VERMASSELT, ICH IDIOT!
72

KÖNNTE ICH DAS ALLES WENIGSTENS ALS ERLEBNIS MIT GOTT WEITERERZÄHLEN... WÄRE NICHT DIREKT EIN ZEUGNIS, ABER VIELLEICHT... UUUAAAH! (GÄHN) ... ICH WERDE ES MORGEN MAL DAMARIS ERZÄHLEN, ... ALLERDINGS... DIE WIRD MIR AUCH NICHT SAGEN KÖNNEN, WAS GOTT MIR ZEIGEN... UUUAH! (GÄHN) MM...MMM...
CHRRR
CHRRR
CHRRR
VERRÜCKT! ABER WEISST DU WAS - ICH HAB' DIR VOR KURZEM AUCH EINEN GROSSEN GEFALLEN GETAN!
DU?
MIR?
JA!
ICH!
ACH...
ERINNERST DU DICH NOCH AN DIE SACHE MIT DEINER CARTOON-SAMMLUNG?
HMMM...

PASTOR HOPNIKS PREDIGT ÜBER DAS SCHÄTZE SAMMELN HAT MIR RICHTIG EIN SCHLECHTES GEWISSEN GEMACHT... WEIL ICH DOCH SO GERNE SAMMLE...
ECHT? WAS DENN?
NAMENSSCHILDER VON BERÜHMTEN CHRISTEN, DIE SIE BEI KONGRESSEN UND FESTIVALS GETRAGEN HABEN. GLANZPUNKT MEINER SAMMLUNG IST EINS VON KARDINAL LEHMANN!
ES GIBT EINE RICHTIGE INTERNATIONALE SAMMLERSZENE, IN DER DIE DINGER GEHANDELT WERDEN. DA KRIEGT MAN DANN FÜR DREI RUDI PINKES EINEN JOHN ORTBERG ODER FÜR ZWEI ORTBERGS EINEN BILL HYBELS!
ACH... UND ZUM BEISPIEL FÜR EINEN ULRICH PARZANY?
ETWA EINE HALBE MARIA JEPSEN, EINEN VIERTEL DREWERMANN, EINEN ACHTEL RATZINGER ODER EINEN HUNDERTSTEL BILLY GRAHAM - JE NACH ZUSTAND!
ALSO, WAS DAS SCHÄTZE SAMMELN AUF ERDEN BETRIFFT, BIN ICH ABER EINDEUTIG SCHULDIGER ALS DU. ICH SAMMLE CHRISTLICHE CARTOONS. DAS VERSTÖSST ZUSÄTZLICH NOCH GEGEN DAS GEBOT, DASS MAN KEIN DUMMES GESCHWÄTZ VERBREITEN SOLL! WOLLT IHR MAL SEHEN? ICH HAB SIE HIER IN EINEM KARTON...
OOCH...
JAA...
HM...?
74

HI! HI! HI! HI!
HA! HA! HA! HA!
HE! HE! HO! HO!
HRRMM... DAS IST WIRKLICH NICHT SO SCHÖN, ABER ICH SAMMLE ETWAS NOCH VERWERFLICHERES, WAS ÜBERHAUPT NICHTS MIT GLAUBEN ZU TUN HAT - UND DAS AUCH NOCH AUS GANZ NIEDRIGEN GRÜNDEN. ICH SAMMLE...
MOMENT! VIELLEICHT SOLLTET IHR EURE SAMMLUNGEN EINFACH IM INTERNET VERSTEIGERN UND DAS GELD SPENDEN? ...ICH KANN DAS FÜR EUCH ARRANGIEREN, DANN SEID IHR ALLE SORGEN LOS!
HMM... DAMARIS HAT RECHT!
ALSO... EURE SACHEN SIND VERSTEIGERT! JETZT KANN EUER GEWISSEN TOTAL BERUHIGT SEIN!
MEINE CARTOONS... TJA... UND DEINE NAMENSSCHILDER... UND DEINE...
ALSO, ICH WEISS NICHT... GOTT HÄTTE EUCH EURE SAMMLUNGEN BESTIMMT GEGÖNNT - UMSO MEHR, DA IHR BEREIT WART, EUCH VON IHNEN ZU TRENNEN!!

WAS?!
DU MEINST, WIR HÄTTEN SIE AUCH BEHALTEN KÖNNEN?
KLAR...
AAAAH! ZU SPÄT!
DAS IST FÜR HERMANN, STEFAN UND MARTIN?
JA... DIE SAMMELN SO'N ZEUG! HAB ICH AUS'M INTERNET...
TJA, DAS WAR EIN TOLLER ZUFALL! ABER ICH SEH' NICHT, WO DU MIR DA EINEN WIRKLICH GROSSEN GEFALLEN GETAN HÄTTEST...
GANZ EINFACH...
76

JEMAND MEINTE, MAN SOLLTE HERMANN, STEFAN UND MARTIN MAL EINE KLEINE FREUDE MACHEN, WEIL SIE IMMER SO ENGAGIERT SIND IN UNSERER GEMEINDE ...
UND WER WAR DAS? UND WER HATTE DIE IDEE MIT DIESEM ZEUG AUS DEM INTERNET?
DAMARIS.
DAS IST NICHT WAHR!
DOCH.
77

DAMARIS, DAMARIS...
?!
??!

AAAH!

AAAAH!
AAAH!
AAH!
AAH!
HERMANN...
GANZ RUHIG!
DAMARIS ... ICH ...
HAB' PLATZANGST!
WIR HABEN ALLE UN-
SERE SCHWÄCHEN!
?

ACH JA?!
... UND WAS SIND DEINE?
KEINE AHNUNG!
WAS GLAUBST DU?
ICH WÜRDE SAGEN, DEINE GRÖSSTE SCHWÄCHE IST: DU KANNST DICH NICHT ENTSCHEIDEN!
NEIN!
DOCH!
NEIN!
DOCH! PASS AUF - EIN BEISPIEL: IST ZWAR SCHON ETWAS HER, ABER...
AAAH! HAUSKREIS IM FREIEN! BLAUER HIMMEL! WARME SONNE UND JEDE MENGE GRASHALME ZUM DRANRUMZUPFEN, WENN EINEM LANGWEILIG WIRD!
UND WO IST HIER JETZT DER BESTE PLATZ?
DA DRÜBEN AM SEE!
OH JA! JESUS HAT AUCH IMMER AN EINEM SEE GE-LEHRT! DAS HAT WAS AUTHENTISCHES!

NEE... WARTET MAL! HIER IST ES ETWAS ZUGIG! LASST UNS LIEBER AUF DIE WIESE GEHEN!!
ABSTIMMEN! WER IST DAFÜR?
ALLE!
EIN SCHÖNES FLECKCHEN!
ABER ZIEMLICH UNGESCHÜTZT! WENN ICH ZU LANGE IN DER SONNE BIN, KRIEGE ICH AUSSCHLAG UND SEHE DREI TAGE LANG AUS WIE GETOASTETES SCHMIRGELPAPIER!
WIR KÖNNEN JA DAHINTEN UNTER DEN BAUM GEHEN, SCHATZ!
ALSO... UNSER THEMA FÜR HEUTE WAR...
IGITT! HIER FALLEN KLEINE TIERCHEN VOM BAUM!
ABER MARTIN! DAS SIND AUCH GESCHÖPFE GOTTES!
IIIH! DIE SIND JA TOTAL KLEBRIG, DIESE GESCHÖPFE!
EY! LASST UNS WOANDERS HINGEHEN!

HIER AUF DEM STEG IST ES VOM WASSER HER KÜHL UND ES FÄLLT NICHTS AUF EINEN RUNTER!
OPP-TI-MAL!
JAAA... ABER MAN SITZT HIER AUCH GANZ SCHÖN AUF DEM PRÄSENTIERTELLER, ODER? WIR SOLLTEN DEN PASSANTEN UNSEREN GLAUBEN NICHT AUFDRÄNGELN! SO WAS KANN GANZ SCHÖN ABSCHRECKEN!
EY! DIE SONNE IST WEG! WIR KÖNNTEN WIEDER AUF DIE WIESE!
HIER IST ES WIRKLICH SCHÖN!
HAT JEMAND SITZKISSEN DABEI ???
WIESO?
DAS GRAS IST EIN BISSCHEN FEUCHT VON UNTEN HER...
DAS GIBT SICH GLEICH... DIE SONNE KOMMT WIEDER RAUS!
OH NEIN! IN DER SONNE KRIEGE ICH DOCH MEINEN AUSSCHLAG!
DAS DARF NICHT WAHR SEIN!
VOM TEICH ZUR WIESE, VON DER WIESE UNTER DEN BAUM, VOM BAUM ZUM STEG, VOM STEG ZURÜCK ZUR WIESE! KÖNNT IHR EUCH VIELLEICHT MAL ENTSCHEIDEN?
GEDULD, HERMANN! SO EINE ENTSCHEIDUNG FÄLLT NICHT EINFACH SO VOM HIMMEL HERAB!!
ICH FÜRCHTE DOCH!

NAJA, ABER DU HAST NICHT NUR EIN PAAR SCHWÄCHEN, DAMARIS, SONDERN AUCH VIELE STÄRKEN...
DU KANNST SEHR GUT SINGEN...
BINGO-LOBPREIS, LEUTE! ICH WÜNSCH MIR LIED NUMMER 19!
37!
212!
81!
HE! PSSSST... LASST UNS MAL ZUR RUHE KOMMEN! ICH HAB HEUTE MAL LIEDER VORBEREITET UND WERDE DIE NUMMERN JEWEILS LEISE ANSAGEN, SO DASS WIR UNS WIRKLICH AUF DAS WESENTLICHE KONZENTRIEREN KÖNNEN!
OK?

OK!
OK!
OK!
OK!
116
OH, JAA! „HERR, DEINE GNADE…"! AUF ENGLISCH! OK?
116 IM BLAUEN ODER IM GRÜNEN… LIEDERBUCH? ÄH… ODER IN DER MAPPE MIT DEN ILLEGALEN KOPIEN? …
IM GELBEN IST ES NUMMER 250! ABER DAS HAB ICH ZU HAUSE VERGESSEN!
IN DER MAPPE SIND NUR „HERR, DEINE GNADE GIBT UNS KRAFT" UND „HERR, DEINE GNADE REICHT UNS ALLEIN", HERMANN. UND „HERR, DEINE GNADE LÄSST UNS FROHLOCKEN"…

HMM... DIESE LIEDERMAPPE IST TOTAL ZERFLEDDERT! IRGENDWO IST DAS DOCH TRAURIG, ODER?
STIMMT! DAS SAGT VOLL WAS AUS – WIE WICHTIG UNS DAS LOB GOTTES IST...
OCH NEE! IMMER MACHEN WIR UNS GLEICH WEGEN ALLEM EIN SCHLECHTES GEWISSEN! DAS FINDE ICH JETZT ECHT MAL WIEDER TOTAL DOOOOF!! OK?
GUCK MAL HERMANN, 116 IST WIRKLICH NICHT IN DEN MAPPEN DRIN...!!
KOMISCH!
OK! UND WELCHE STROPHEN SINGEN WIR?
ACH, JA. STIMMT. ACH, JA. STIMMT. ACH, JA. STIMMT. ACH, JA. STIMMT. ACH, JA...
CHRISSI! DAS IST EIN LOBPREIS-LIED! DA GIBT'S KEINE STROPHEN, SONDERN NUR EWIGE WIEDERHOLUNGEN!
ALLE MAL HERHÖREN! WÄHREND HERMANN DAS LIED SUCHT, KANN ICH UNS JA NOCHMAL EBEN EIN TOLLES NEUES BEWEGUNGSLIED ZEIGEN, OK? ALLE MITMACHEN! IST GANZ EASY!
?
„JEEEE-SUS, DU BIST SUPER, SUPER, SUPER, SUPER! UND DU BIST SOOOO...
RUUUUHEEEE!!
86

HERR, DEINE GNADE ... MACHT UNS FROH ...
AUSSERDEM FINDE ICH GUT AN DIR, DASS DU NICHT AN DEN PROBLEMEN ANDERER LEUTE VORBEIGEHST, SONDERN VERSUCHST, IHNEN ZU HELFEN, WENN ES IRGENDWIE GEHT ...
EEEECHT? TU ICH DAS? BEI WEM DENN ZUM BEISPIEL ...
... UND HERR, WIR HABEN NOCH JEMANDEN AUF UNSER GEBETSANLIEGENLISTE: MEINEN NACHBARN. WIR WISSEN NICHT, WO ER JETZT GERADE IST, ABER WIR BITTEN DICH, DASS DU IHM EINE NEUE ARBEITSSTELLE SCHENKST. SEGNE MEINEN NACHBARN MÜCKE UND SEINEN ...

...LIEBEN MITBEWOHNER SCHORSCHI!
EY, ALDER! SCHORSCHI, DU HAST RECHT, EY! DIE BETEN JA WIRKLICH, EY!
EY, MEISTER! VOLL KRASS, EY!
EY, ALDER! MEEEEEEGA-KRASS, EY, ALDER, EY!
EY, ICH SCHWÖR! ULTRA-KRASS, EY!
EY, ALDER! WAS ISS'N MIß'M BEWERBUNGSGESPRÄCH VON MÜGGE, EY!
EY, WAR HOIDE, ALDER! UM FÜMF, EY! WEISSU?
EY! MÜGGE IS VOLL AM ABNIBBELN, EY, ICH SCHWÖR!
EY, FUFFZIG BEWERBUNGEN HAT DER SCHON GESCHRIEM', UND KEIN A...
SCHNAUZE, EY! DIE REDEN WEIDDER, EY!
...JA HERR, DU KANNST EIN WUNDER TUN FÜR MÜCKE!
EY, ALDER, DA HÄDDICH AUCH'N PA VORSCHLÄGE, EY! DIE SOLL'N MA FÜR MEINE OMMA IHRE HÜDDE BETEN, DASSAS NICH WECH MUSS WEGEN DIE AUDDOBOAAHN, EY!
WEGEN DIE AUDDOBAHN? STIMMDAS, EY?
IS JA VOLL UNKRASS, EY, ALDER!
88

EY, DEINE OMMA IS VOLL KOR-RECKT EY, ALDER! VOLL, EY!
EY, WER DEINE OMMA WAS WILL, KRIEGT KRASS WAS AUFFI FRESSE VON MIR, EY!
EY, VON MIR AUCH, EY! ICH SCHWÖR!
EY, IHR PENNER! IHR SEID ECHT VOLL ... VOLL LIEB, EY!
EY, LOIDE!! MÜGGE IS DA! EY, ALDER! HASSU WIEDER KEIN' JOB, ODER WAS??
VOLL KRASS, EY!!
DU HAS'N JOB!
?
?
?
?
WAS WAR DAS DENN?
EY, WOHER SOLL ICH BIDDE WISSEN WIE BETEN GEHT, DU PENNER!
89

EY, AM ENDE SACHSSU „AMEN!" ISSOCH LOGISCH!
EY, ABER WAS IS MIDDIE „GEBETSABLEGERLISTE", EY, ALDER! WOHER KRIEGN WIR...
EY, ICH HAB DIE IDEE, ALDER! WIR GEHN 'RÜBER UND DA SOLL'N DIE TYPEN FÜR DEINE OMMA IHRE HÜDDE BETEN! ODER SIE KRIEGN 'WAS AUFFI FRESSE, EY!
EY, VOLL KRASSE IDEE, EY DANN MA' LOS, EY!
RUMPEL... RUMPEL...
UND ICH?
DU?
JA! - WAS SIND MEINE SCHWÄCHEN, DAMARIS?
DEINE SCHWÄCHEN? ...DU MACHST DIR ZU OFT EIN SCHLECHTES GEWISSEN WEGEN ALLEM MÖGLICHEN!

MEINE GÜTE, IST DAS TENNISFINALE SPANNEND! ZU BLÖD, HEUTE ABEND IST HAUSKREIS! ICH MÜSSTE SCHON LÄNGST LOS SEIN!
ARGH! PLOP UUAH! PLOP ARGH! PLOP UUAH! PLOP
NEIIIN! ES STEHT UNENTSCHIEDEN! ... ALSO NOCH EIN GEWINNSATZ ... SO EIN ... MIST, ICH MUSS LOS!!
ARGH! PLOP UUAH! PLOP ARGH! PLOP UUAH! PLOP
JETZT KRIEGE ICH DAS ENDE NICHT MEHR MIT!
WENN ICH DEN BUS NICHT ERWISCHE, KOMME ICH HOFFNUNGSLOS ZU SPÄT ...

OOOOH! WÄRE ICH DOCH FRÜHER LOS GEGANGEN... SO EIN VÖLLIG BEDEUTUNGSLOSES TENNISMATCH WAR MIR WICHTIGER ALS DIE GEISTLICHE GEMEINSCHAFT MIT MEINEN LIEBEN GESCHWISTERN!
JETZT WARTEN DIE ANDEREN SCHON EINE HALBE STUNDE AUF MICH - NUR WEIL ICH MICH WIEDER VON DIESEM... FERNSEHER HABE... BEHERRSCHEN LASSEN! WEIL ICH WIEDER NICHT DEN AUS-KNOPF GEFUNDEN HABE... OBWOHL ER DOCH DIREKT NEBEN DEM LAUTSTÄRKEREGLER AUF DER FERNBEDIENUNG LIEGT!
UND DAS PASSIERT MIR IMMER, WENN TENNIS LÄUFT! WAS TENNIS BETRIFFT, MUSS ICH WIRKLICH AN MIR ARBEITEN. VOR ALLEM AN MEINEN AUFSCHLÄGEN... OOOH NEIN! JETZT KONZENTRIERE ICH MICH SCHON WIEDER NICHT AUF DAS, WAS EIGENTLICH ANGESAGT IST! VERZEIH MIR, HERR! VERZEIH! VERZEIH!
H

TUT MIR LEID, DASS ICH ZU SPÄT BIN! SOLL NIE, NIE, NIIIIE WIEDER VORKOMMEN! ICH WERDE BUSSE TUN! ICH WERDE MICH KASTEIEN, ICH WERDE...
KEIN PROBLEM, KOMM REIN, DIE ANDEREN SIND SCHON DA!
ARRGH! PLOP UUAH! PLOP ARRGH! PLOP UUAH! PLOP
HI, HERMANN!
ICH MACHE MIR OFT GANZ UMSONST SORGEN, DAS STIMMT... ANDERERSEITS... ICH BIN NICHT DER EINZIGE...
93

LIEBES TAGEBUCH! DAS NENNE ICH EIN ERGEBNIS: DIESE WOCHE HABE ICH NICHT NUR TO-TAL REGELMÄSSIG STILLE ZEIT GEMACHT, SONDERN DAS AUCH PRAKTISCH JEDEN TAG IM ZWEISTELLIGEN MINUTENBEREICH! DAS MACHT ZUSAMMEN... HOPPLA! ÜBER EINE STUNDE STILLE ZEIT!
MEINE DIÄT? ALSO, ICH HAB MIT GOTT EINE VEREINBARUNG GETROFFEN: ICH DARF MIR HEUTE EINEN EISBECHER GÖNNEN, DAFÜR GEHE ICH DANN MITTWOCH ZUM „GEMEINDETAG UNTER DER SCHRIFT"...
ICH HAB'S GETAN! ICH HAB'S GETAN! ICH HAB'S GETAN! ICH HAB'S GETAN! ICH HAB'S GETAN! ICH HAB'S GETAN! ICH HAB ENDLICH AUCH JEMANDEM VON JESUS ERZÄHLT!!

DU, DAMARIS! DU MEINTEST JA MAL, GOTT WÜRDE SICH BESTIMMT FREUEN, WENN ICH IHN SO „RICHTIG" ANBETE! UND WEISST DU WAS! ICH HAB NEULICH IM ABENDGOTTESDIENST IN DER ANBETUNGSZEIT MAL... MEINE HÄNDE SO EIN BISSCHEN GEHOBEN! SO VOLL LOBPREISMÄSSIG!!!
OOOOAAAH-TOLL, MARTIN! ICH FREU MICH SO FÜR DICH!!
DU MARTIN! ICH KANN DIR ABER AUCH ETWAS SEHR SEHR SCHÖNES ERZÄHLEN: SEIT GESTERN ABEND KANN ICH JETZT AUCH VOR GOTT EIN „JA" DAZU FINDEN, TROTZ PUTZDIENST, KIRCHENKAFFEE, MÄDELSCHAR UND KIGO AUCH DIE NEUE FRAUENKREATIVGRUPPE ZU LEITEN. IST ZWAR VIIIEL ARBEIT, ABER ICH TU'S JA FÜR UNSEREN HERRN!
OH WIE SCHÖN, DAMARIS!!
OK! THEMA HEUTE ABEND SIND DIE PHARISÄER!

DIE PHARISÄER WOLLTEN GOTT BEKANNTLICH DURCH IHR FROMMES VERHALTEN BEEINDRUCKEN. DAS GEBOT, DEN ZEHNTEN ZU GEBEN, ZUM BEISPIEL, WOLLTEN SIE SUPER-GENAU EINHALTEN. IN LUKAS STEHT, DASS SIE SOGAR VON DEN KLEINSTEN KÜCHENKRÄUTERN DEN ZEHNTEN GABEN. UND SO GLAUBTEN SIE, SICH GOTTES LIEBE ERARBEITEN ZU MÜSSEN!!!
OH NEIN!
IST JA VOLL DANEBEN!
WIR KÖNNEN FROH SEIN, DASS WIR DA HEUTE WEITER SIND ALS DIE LEUTE DAMALS!
ECHT WAHR!
MAN WILL SICH ETWAS VERDIENEN, DAS MAN NUR KOSTENLOS HA-BEN KANN, UND MERKT NICHT, WIE BESCHEUERT MAN SICH BENIMMT...
...DA FÄLLT MIR EIN TRAUM EIN, DEN ICH NEULICH IN IN DER KIRCHE HATTE...
IN DER KIRCHE?

ICH WEISS - GOTT LIEBT MICH, WIE ICH BIN, UND ICH BRAUCH AUCH NICHTS VOR IHM LEISTEN, DAMIT ER MICH LIEBT... ABER MANCHMAL WÜNSCHT MAN SICH DOCH MAL SO EINE ART VON SCHRIFTLICHER BESTÄTIGUNG DAFÜR! ODER...
PSSSST! MÜSST IHR DAS AUSGERECHNET JETZT BEIM ABENDMAHL BESPRECHEN?
(GÄHN) MIST, ICH BIN SO MMMÜDE... JETZT BLOSS NICHT EIN... ZZ... ZZZ...
... GEHT DER OSKAR IN DER KATEGORIE „GOTT WOHLGEFÄLLIGSTER PROTESTANTISCHER HAUSKREIS" AN ...

HERMANNS HAUSKREIS!
ÄH... DANKEN MÖCHTE ICH VOR ALLEM MEINER MUTT... MEINEM COACH... ÄH... UNSEREM PASTO... ÄH, NEE! ICH MEINE NATÜRLICH: GOTT, DER DIESEN ERFOLG... IM GRUNDE ERST DURCH SEINEN... ÄH... SEHR, SEEEHR, SEEEEEEHR PROFESSIONELLEN EINSATZ MÖGLICH GEMACHT HAT UND...
WAS SIND IHRE NEUEN PROJEKTE?
WERDEN SIE HEUTE ABEND DEN FRÜCHTETEE IN STRÖMEN FLIESSEN LASSEN?
SOVIEL RUHM! LEUTE! WIR MÜSSEN JETZT ECHT AUFPASSEN, DASS WIR AUF DEM TEPPICH BLEIBEN!
OK! KEIN MERCHANDISING!
MARTIN! MARTIN!
WE ♡ MARTIN!
98

ICH KANN KAUM GLAUBEN, DASS WIR DEN OSKAR IN DER... DOCH IRGENDWO... WICHTIGSTEN KATEGORIE BEKOMMEN HABEN!
OBWOHL ICH SO OFT UNPÜNKTLICH WAR!! ...UND MEINE BIBEL NICHT DABEI HATTE!
GOTT MAG UNS! ... ODER IST DAS GERADE ALLES NUR EIN TRAUM... ?
NEE, DAFÜR IST ES ZU REAL!! HIER: FASS DOCH MAL AN!
OH! ÄÄH... DANKE!
ACH HERMANN, WAS FÜR EIN SCHÖNER TRAUM!

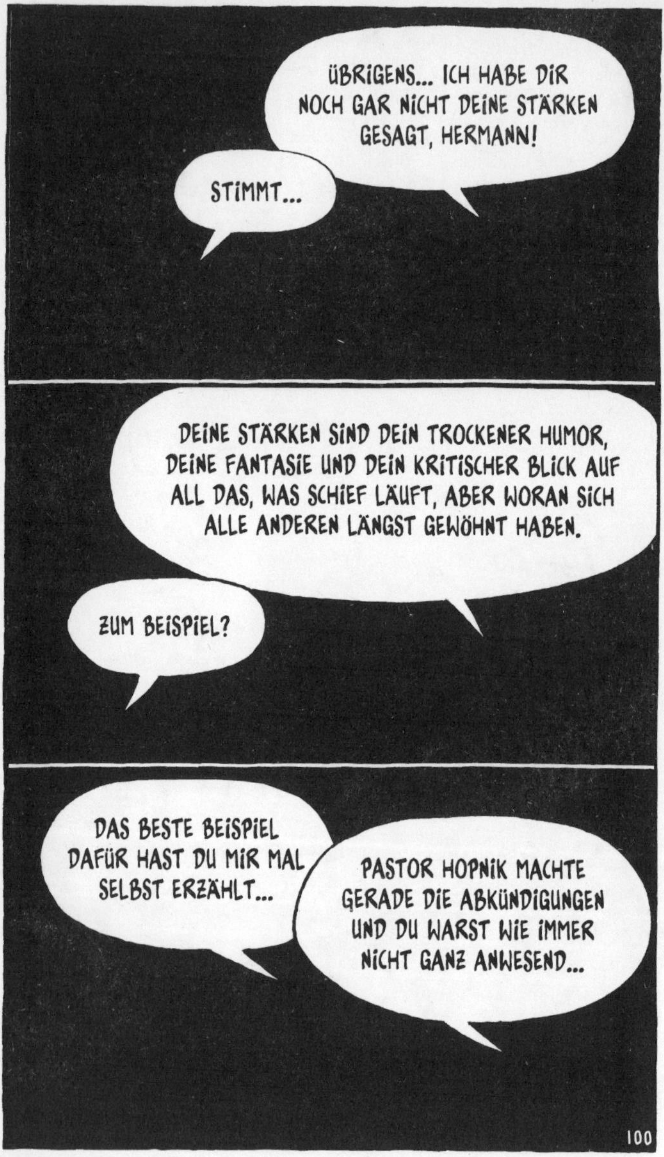
ÜBRIGENS... ICH HABE DIR NOCH GAR NICHT DEINE STÄRKEN GESAGT, HERMANN!
STIMMT...
DEINE STÄRKEN SIND DEIN TROCKENER HUMOR, DEINE FANTASIE UND DEIN KRITISCHER BLICK AUF ALL DAS, WAS SCHIEF LÄUFT, ABER WORAN SICH ALLE ANDEREN LÄNGST GEWÖHNT HABEN.
ZUM BEISPIEL?
DAS BESTE BEISPIEL DAFÜR HAST DU MIR MAL SELBST ERZÄHLT...
PASTOR HOPNIK MACHTE GERADE DIE ABKÜNDIGUNGEN UND DU WARST WIE IMMER NICHT GANZ ANWESEND...
100

...UND FRAU WOHLTATH LIEGT NOCH IM KRANKENHAUS, ABER IHR FIEBER IST AUF 38 GRAD GESUNKEN. ICH DENKE...
DASS DAS....ÄÄH...EIN WIRKLICHER GRUND ZUR FREUDIGKEIT FÜR UNS IST, GESCHWISTER.
ÄÄH...
PUUH... WIE BEI DEM DIE FREUDE SPRUDELT! UNGLAUBLICH! WARUM FREUEN WIR UNS HIER NICHT MAL SO WIE ... WIE ... JA! WIE...
...
...UND SIE HAT NUR NOCH 38 GRAAAD!!
JAAAAAAA!

PREIST DEN HERRN
STEHT AUF, WENN IHR CHRISTEN SEID, STEHT...
HALLELUJA!
HALLELUJA!
HALLELUJA!
HALLELUJA!
JAAAAAH
102

JETZT GEHT'S LO-HOS! JETZT GEHT'S LO-HOS! ...
Hi! Hi! Hi! Hi! Hi!
... AUSSERDEM IST NOCH ANZUSAGEN ... ÄÄÄH ...
HERMANN IST MIT SEINEN GEDANKEN MAL WIEDER ÜBERALL, NUR NICHT HIER IM GOTTESDIENST!!
MEINST DU?
MEINE GÜTE! GANZ SCHÖN PEINLICH, WAS MIR MANCHMAL DURCH DEN KOPF GE ...
KNACK
ZONNNNNNNG!

HERMANN? WAS WAR DAS ?
HÖRTE SICH AN, ALS WENN STAHLSEILE GERISSEN WÄREN... WARTE, HILF MIR MAL HOCH! VIELLEICHT KANN ICH MIT MEINEM TASCHENMESSER DIE DECKENVERKLEIDUNG AUFHEBELN UND IN DEN SCHACHT SEHEN...
MOMENT... ICH SEHE DIE SEILE UND...
UND?
104

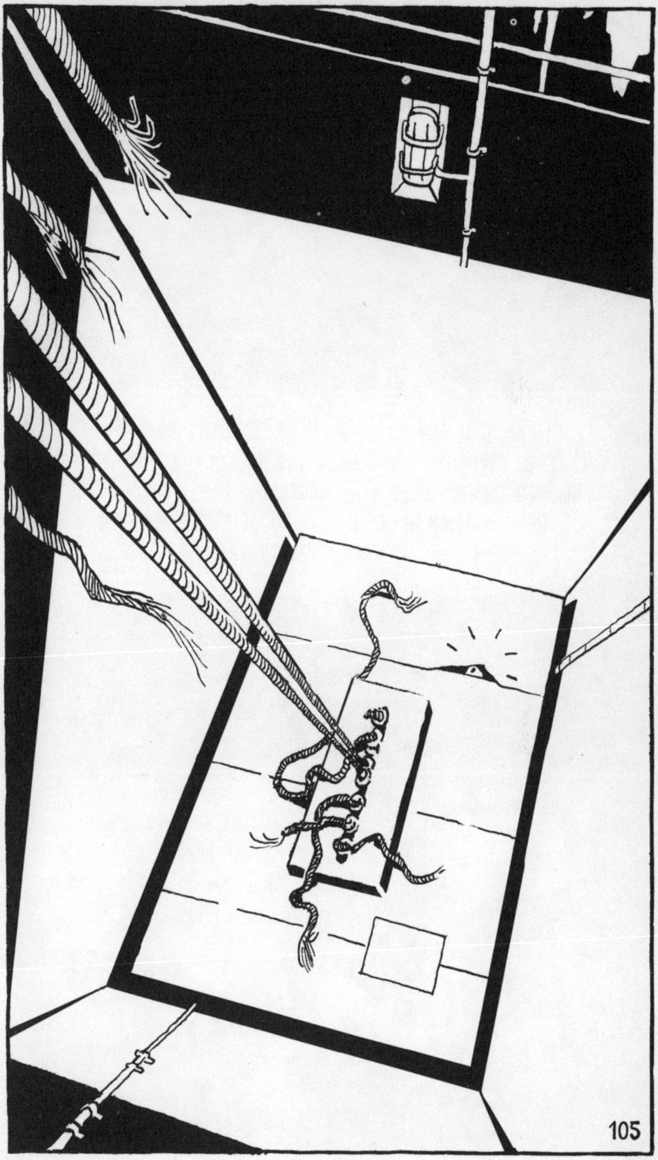
105

ES SIEHT SO AUS, ALS WÜRDE DIE KABINE NUR NOCH VON ZWEI SEILEN GEHALTEN...
MAN KOMMT SICH VOR WIE IN EINEM FILM. DER JUNGE HELD UND DIE JUNGE HELDIN SIND IN EINE AUSWEGLOSE SITUATION GERATEN. IHR GEMEINSAMES TRAGISCHES ENDE DROHT...
WENN DIES EIN FILM WÄRE, KÄME JETZT DER MOMENT, IN DEM DER JUNGE HELD DIE GELEGENHEIT ERGREIFT, UM DER JUNGEN HELDIN IM ANGESICHT IHRES DROHENDEN GEMEINSAMEN ENDES ETWAS ZU BEICHTEN, DAS ER BISHER NICHT GEWAGT HATTE ZU GESTEHEN...
ACH JA...?
EINFACH MAL SO GANZ FREI ERFUNDEN: WAS WÜRDE DER HELD DER HELDIN DENN BEICHTEN, WENN DIES EIN FILM WÄRE...
106

DU MEINST, SO VÖLLIG FREI ERFUNDEN?
QUASI AUS DER LUFT GEGRIFFEN!
ÄÄÄH... MAN WEISS ES NICHT, ABER VIELLEICHT WÜRDE ER VON EINER BEGEBENHEIT BERICHTEN, DIE SEINE WAHREN GEFÜHLE IHR GEGENÜBER ZUM AUSDRUCK BRÄCHTE...
IST DEIN PULLI NEU, DAMARIS?
JA, ICH HATTE KEINEN, DER FARBLICH ZU MEINER NEUEN HOSE PASSTE... ICH WEISS, MANCHEN LEUTEN IST SO WAS TOTAL EGAL, ABER ICH...
SCHLUCK! SIE HAT HIER HERÜBERGESEHEN! SIE HAT MICH GEMEINT!!! ICH MUSS SOFORT ETWAS TUN! SONST KANN ICH MIR EINE BEZIEHUNG MIT IHR ENDGÜLTIG ABSCHMINKEN!!!
JAAA.. VIELE CHRISTEN KOMMEN ZU UNS, WEIL SIE IHR CHRISTLICHES IMAGE LOSWERDEN UND EINFACH PEPPIGER, FETZIGER, EINFACH UNHEIMLICH LOCKER-FLOCKIGER WIRKEN WOLLEN!
... UND DANN - NACH UNSERER FARB- UND STILBERATUNG - SIND SIE - GANZ MODISCH-DEZENT - ÜBERHAUPT NICHT MEHR ALS CHRISTEN ZU ERKENNEN! IST DAS NICHT WUN-DER-BAR?! ALLES EINE FRAGE DES „SCHTEILINGS"!

ÄH... BIN ICH FERTIG „GESCHTEILT"?
MOMENT, ICH „SCHTEIL" HIER NOCH EIN BISSCHEN... SO! GANZ KLAR: SIE SIND DER TYPISCHE WINTERSCHLAFTYP! ODER? ... NEIN, DER HERBSTNEUROSENTYP! GENAU! UND JETZT GEB ICH IHNEN NOCH EINE FARBSKALA MIT - FÜR IHREN SHOPPINGBUMMEL! IST IM PREIS INBEGRIFFEN!
GUTEN TAG! ÄH... HABEN SIE ETWAS IN DIESER FARBE HIER?
IGITT, NEIN! ICH HATTE MAL ETWAS, ABER DAS HAT MEIN HAUTARZT ZUM GLÜCK WEGGEKRIEGT!
VERSUCHEN SIE ES DOCH IN DER LEBENSMITTELABTEILUNG - ERDGESCHOSS, WURSTTHEKE!
SIE WOLLEN EIN „FETTES GELSCHTEILING"?
EXAKT, MEISTER!
... UND ICH HAB MIR ZEHN PAAR NEUE SOCKEN GEKAUFT!
ACH, ZEIG MAL! ...AAAH, WEISSE!
108

*(NIMM ES MIR BITTE NICHT ÜBEL UND ES IST AUCH ÜBERHAUPT NICHTS PERSÖNLICHES GEGEN DICH, DENN ICH MAG DICH JA TOTAL WIE DU BIST, ABER...)

...UND EIN BIBELVERS, DER MIR LETZTE WOCHE NOCH MAL WIEDER GANZ NEU WICHTIG GEWORDEN IST, STEHT IM BUCH SAMUEL:
„EIN MENSCH SIEHT, WAS VOR AUGEN IST, DER HERR ABER SIEHT DAS HERZ AN."
MAN KÖNNTE FAST ANNEHMEN, DER JUNGE HELD MEINT ES ERNST MIT SEINEN GEFÜHLEN FÜR DIE HELDIN. ABER WAS, WENN IHR DIESES EINE BEISPIEL NICHT REICHT UND SIE MEHR BEWEISE VERLANGT? WOVON WÜRDE IHR DER JUNGE HELD DANN ERZÄHLEN?
VON SEINER LEIDENSCHAFTLICHEN EIFERSUCHT, DIE IHN DAZU TRIEB, EINEN KOMPLETTEN NARREN AUS SICH ZU MACHEN...
AHA...?
UND WO WÜRDE DIESE GESCHICHTE BEGINNEN?
ÄH... AUF DER AUTOBAHN.
110

... ECHT! EIN TOLL AUSSEHENDER TYP, DIESER JUGENDPASTOR. SO WIE DER IST, STELLE ICH MIR EINEN MANN VOR: SPONTAN! HUMORVOLL! SOUVERÄN, PATENT! TREU! UND NICHT ZULETZT EINE ECHTE GEISTLICHE AUTORITÄT! WEISST DU, DEN SOLLTEN WIR MAL ZU UNS IN DEN HAUSKREIS EINLADEN!
GNA, GNA, GNA... WÄRE ICH DOCH BLOSS NIE MIT DAMARIS ZU DIESEM FESTIVAL GEFAHREN!!!
BANG!
HEY, EINE KRISE! DAS IST MEINE CHANCE, EINDRUCK ZU SCHIN... OK, HERMANN, WAS ZUERST? SEI „SPONTAN"! OK!!! SCHNELL!!! EINE SPONTANE REAKTION!
KEINE PANIK! ALLES COOL BLEIBEN! FRAUEN UND KIN... ÄÄÄÄH...
ICH SEH MAL NACH, WAS DA LOS IST!
GUT GEMACHT, UND JETZT „HUMORVOLL"!

HA, HA, HA! HIER SIEHT'S JA AUS WIE BEI HEMPELS UNTERM SOFA! ALL DIE SCHLÄUCHE UND KABEL UND DER GANZE KRAM! WOHL SCHON LANG NICHT MEHR AUFGERÄUMT, WAS? HA, HA, HA!
JAAAA! UND NUN „SOUVERÄN UND PATENT" ANS WERK! MAL SEHEN... ÄH...
VIELLEICHT HIER DRAN DREH...
PSSSSSSSS
OH - SCH... !! AUTSCH! DAS WAR'S NICHT! MIST, VER... HRM... OK!
WAS KOMMT ALS NÄCHSTES? „TREUE"!!
... UND WENN WIR DIE GANZE NACHT HIER BLEIBEN MÜSSTEN, ICH WÜRDE DICH NIEMALS VERLASSEN, DAMARIS!
NA, SUPER! ICH GLAUB, ICH RUF MAL DEN ABSCHLEPPDIENST!
UND JETZT? ACH JA: „GEISTLICHE AUTORITÄT"! OK!

HMM... ABER WIE MACHT MAN DAS... ÄÄÄH... „GEISTLICHE AU..." ÄÄÄÄH... WAS WÜRDE DENN EINE „GEISTL..." ÖÖÖÖH... EIN GEBET SPRECHEN? PSALM 23 BE... ÄH... NEE! VIELLEICHT EIN WUNDER HERBEIFLEH... IN ZUNGEN BE... DEN MOTOR SEGN... PUUH... ÄH...
...UND WO LIEGEN SO DEINE STÄRKEN, HERMANN?
MIST BAUEN!
SEINE LEIDENSCHAFT FÜR SIE SCHEINT GRÖSSER ZU SEIN, ALS SIE BISHER ANGENOMMEN HAT...
ER HAT VIEL ZU LANGE VERSÄUMT, SIE DIREKT ANZUSPRECHEN... UND SEINE LEIDEN DADURCH INS GRENZENLOSE VERLÄNGERT... DER TROTTEL!

UND SO WENIG, WIE ER SICH IHR GEGENÜBER GEOFFENBART HAT, SO WENIG HAT ER SEIN LEID MIT ANDEREN GETEILT, SONDERN BEHIELT ES STILL FÜR SICH...?
GENAU! ÄH... NAJA... FAST... DAS HEISST, NEIN... EIGENTLICH HAT ER ES ALLEN ERZÄHLT, DIE ER TRAF...
DU, MARTIN! SO ALS FREUND: ICH UND DAMARIS... !!! MEINST DU, GOTT WIRD DA NOCHMAL IRGENDWELCHE WEGE ÖFFNEN? WAS RÄTST DU MIR?
HMMMM... DU, DA WÜRDE ICH EINFACH MAL EIN PAAR LEUTE FRAGEN, DIE EUCH GUT KENNEN, WIE DIE EUCH SO EINSCHÄTZEN, WÜRD ICH MAL SAGEN!
HAST DU DIR IHRE MUTTER ANGESEHEN? DU MUSST DIR IHRE MUTTER ANSEHEN, DANN WEISST DU, OB DU AUCH IN 100 JAHREN NOCH MIT IHR ZUSAMMEN SEIN WILLST!
MIT... IHRER MUTTER?
114

OB AUS DAMARIS UND DIR JEMALS ETWAS WERDEN KANN?
GEGENFRAGE: KENNST DU EIGENTLICH MEINE COUSINE?
HAALLOOOO
ÄH...
HABT IHR GEMEINSAME ... ZIELE?
NA JA...
... TRÄUME?
ÄH...
... VISIONEN?!
ALSO...
... HOBBYS?!
HO... HOBBYS... ?
JUNGE, DU MUSST ANGREIFEN! DAS GANZE IST EIN KAMPF! WENN DU DEN FRAUEN NICHT ZEIGST, WAS DU WILLST, WERDEN SIE NIE DRAUF KOMMEN! FRAUEN WOLLEN EROB... UMWORBEN WERDEN! ABER... DU MUSST AUCH AN DIR SELBER ARBEITEN! WERDE ZU EINEM MANN! KAPIERT?? DANN KLAPPT'S!
TOLLER TIPP!
JEDERZEIT WIEDER, MEIN JUNGE!

OB DU UND DAMARIS ZUSAMMENKOMMEN KÖNNTEN, IST IM GRUNDE EINE GEISTLICHE FRAGE... DU SOLLTEST DICH DA JEDENFALLS HÜTEN, MENSCHENHAND WALTEN LASSEN... DER HERR WIRD FÜHREN, WENN ES AN DER ZEIT IST, HERMANN. UNSERE PFLICHT IST AUF DEN HERRN ZU HARREN!
OH, GOTT - ALLE SAGEN ETWAS ANDERES! WAS SOLL ICH BLOSS TUN?! WIRD JEMALS DER TAG KOMMEN, AN DEM DAMARIS VOR MIR STEHT, MIR TIEF IN DIE AUGEN SIEHT UND SAGT...
DING-DONG!
HAST DU MAL 'NE LUFTPUMPE?
116

SEINE HARTNÄCKIGKEIT IST BEEINDRUCKEND. GIBT ES DENN NICHTS, WAS IHN VON SEINEN ABSICHTEN ABBRINGEN KANN?
NUR DER TOD!
KRACK!
ZONNNNNG
!
!
!
!
117

STILL! UND NICHT BEWEGEN! WIR HÄNGEN NUR NOCH AN EINEM SEIL!! JEDE ERSCHÜTTERUNG KANN UNSER ENDE BEDEUTEN!!!
POFF
KRACK
?
FLAPP
WAS SIND DAS FÜR GERÄUSCHE?
KRACK
POFF
DAS SIND... KLOPFZEICHEN! SIE GEBEN UNS KLOPFZEICHEN! WIR MÜSSEN UNS BEMERKBAR MACHEN - VORSICHTIG!
HILFE

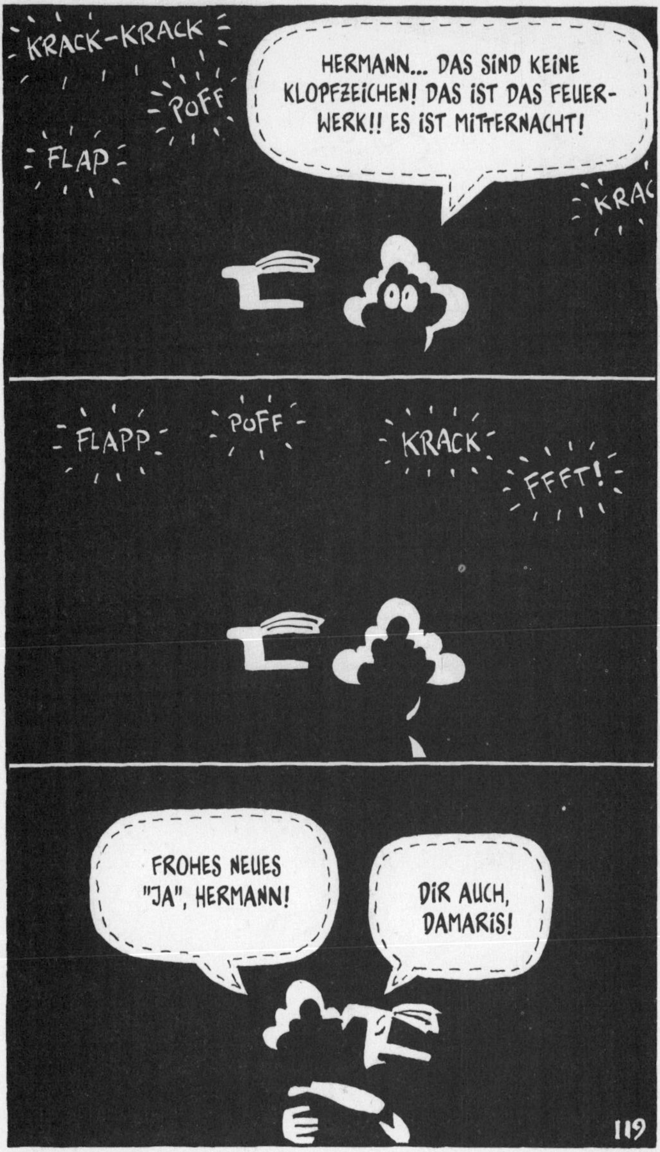
KRACK-KRACK
POFF
FLAP
HERMANN... DAS SIND KEINE KLOPFZEICHEN! DAS IST DAS FEUERWERK!! ES IST MITTERNACHT!
FLAPP
POFF
KRACK
FFFT!
FROHES NEUES "JA", HERMANN!
DIR AUCH, DAMARIS!

VORSICHT, NICHT 'REINKOMMEN! DER FAHR-
STUHL HÄNGT NUR NOCH AN EINEM SEIL!
120

HA!
HA!
HA!
HA!
HA!
HA!
HA!
HA!

UNTER-GESCHOSS
!
WAS HABT IHR EIGENTLICH DIE GANZE ZEIT GEMACHT? BESTIMMT HABT IHR EUCH WITZE ERZÄHLT!?
?
122

DAS AUCH...
... ALSO STOSSEN WIR AN AUF DAS NEUE JAHR! DARAUF, DASS ES DIE MENSCHEN GLÜCKLICH SIEHT UND WIR ALLE UNSER KLEINES SCHÄFLEIN DAZU BEITRAGEN KÖNNEN!

LASST ES MICH IN EINEM WORT SAGEN, EIN WORT, DAS ALLES AUSDRÜCKT, WAS ICH IN DIESEM MOMENT FÜHLE!
„FRIEDEN"!
PÖÖÖÖÖÖÖÖ

DU, HERMANN... ICH GLAUBE, ICH KENNE AUCH EIN WORT, DAS ALLES AUSDRÜCKT, WAS ICH IN DIESEM MOMENT FÜHLE...
JA?
UND WELCHES...?
125

THEES '02

Hermanns Hauskreis

112 Seiten, **dran** comic, Bestell-Nr. 628 028

Im Boom der Hauskreis-Literatur ist dieses Buch das unnötigste! Aber sicher das unterhaltsamste.

Thees Carstens ist nicht durch verschiedene Hauskreise gezogen, hat keine empirischen Untersuchungen gemacht und keine Statistik geführt. Aber bis zu den Sitzhaltungen und Formulierungen hat er getroffen, was in vielen Hauskreisen genau so zu sehen und zu hören ist, z. B.: »Leider ist hier alles noch etwas chaotisch.« und: »Und was bedeutet das jetzt für mich persönlich?«

Hermanns Hauskreis
und die Hüter des Gesetzes

128 Seiten, **dran** comic, Bestell-Nr. 628 034

Hermann und seine berüchtigte Kleingruppe haben beschlossen, jetzt auch eine Gemeinde mit ihrem Engagement zu beglücken. Doch die anfängliche Begeisterung stößt auf ungeahnte Schwierigkeiten. Die Gemeindeältesten, »die Hüter des Gesetzes«, stellen sich jeder Veränderung in den Weg, und so steht die kleine Gemeinde kurz vor dem endgültigen Aus. Aber dann überschlagen sich die Ereignisse, wobei die verschiedensten Dinge entscheidende Rollen spielen ...